Éloge de l'optimisme

Quand les enthousiastes font bouger le monde

Philippe Gabilliet

Saint-Simon

33, rue Vivienne
75002 Paris
www.edsaintsimon.com

Avant-Propos

Il y a quelques années, les problèmes que me soumettaient les clients de mon cabinet d'avocat m'intéressaient de moins en moins. L'intuition me vint alors que si je n'étais plus dans l'enthousiasme, c'était le signe que je devais changer quelque chose à ma vie. Ce mot « enthousiasme » est une merveille. Il vient du grec ancien et signifie littéralement « dans le souffle de Dieu » ou, si l'on préfère une image moins patriarcale, « dans le souffle de l'énergie créatrice ». Je fis donc part à mes collaborateurs de ma décision de prendre le large et leur laissai mon cabinet.

Un jour de juillet 2005, alors que nous étions en vacances en Toscane et qu'il pleuvait, je lançai l'idée d'un parapluie qui porterait l'inscription : « C'est un beau jour de pluie. » Ma fille me rétorqua que les idées ne servent à rien si elles ne sont pas réalisées. Piqué au vif, je fis, dès notre retour de vacances, imprimer une centaine de parapluies.

À l'occasion d'un dîner à Utrecht, je racontai cette histoire de parapluies à un Irlandais qui s'exclama « That's fantastic, we need positive ideas ! » et le lendemain, je me mis à la rédaction des statuts de la Ligue des optimistes du Royaume de Belgique. Son succès, tant dans mon pays que dans d'autres, fut tel, à mon grand étonnement, qu'en 2008 je fus amené à constituer l'association internationale Optimistes sans frontières. Cette association donna naissance à des branches aux Pays-Bas, en Allemagne, au Bénin et maintenant en France. Des initiatives sont en cours dans de nombreux autres pays.

Tous les membres des associations d'optimistes qui œuvrent sous l'égide de l'association internationale Optimistes sans frontières sont les citoyens d'un État métaphorique que nous nous avons appelé Optimistan, un état de conscience qui répond à l'idée de Pierre Teilhard de Chardin selon laquelle il conviendra d'élever l'état de conscience du monde à mesure que celui-ci se complexifiera.

J'ai connu le professeur Philippe Gabilliet par sa vidéo-conférence sur la chance. Cette leçon et toutes celles qu'il a données[1] devraient être vues par tous les enfants de la planète, ainsi que par leurs parents.

Cet *Éloge de l'optimisme* constitue une contribution majeure à la connaissance et à la compréhension de ce grand atout de l'esprit, du cœur et de l'âme dont nous aurons tous le plus grand besoin pour traverser dans la confiance et la joie les grandes turbulences et les grands chambardements qui nous attendent.

Peut-être conviendra-t-il d'être, de rester ou de devenir optimiste non seulement en dépit de la crise, mais aussi en raison de celle-ci. En effet, si le monde entier se mettait à consommer comme nous consommons en Occident, la vie sur terre ne serait tout simplement plus possible. Cette crise était donc aussi urgente qu'indispensable. À mon sens, ce que nous vivons est bien plus qu'une crise. Il s'agit d'une vraie révolution qui sonnera, je l'espère, le glas d'une société de surproduction et de surconsommation de biens à faible

1. Voir Google, YouTube, Dailymotion.

bonheur ajouté. Nous allons devoir apprendre à trouver plus de joie dans les liens que dans les biens.

Le travail impressionnant que Philippe Gabilliet a réalisé dans cet ouvrage me renvoie aux paroles de Paul Martens[1]. Les optimistes, suggérait-il, ont ce point commun d'être des êtres solaires. Ils régénèrent leur vie avant de modifier leur action, changent leurs habitudes de pensée avant de modifier leur manière d'être et nous offrent par l'exemple de leur joie et l'enthousiasme de leurs discours, la preuve qu'il est possible de nous « désencoder » du pessimisme, du scepticisme ou du cynisme.

Au fond, l'*Éloge de l'optimisme* nous aide à renouer avec l'Antiquité, quand le savoir n'était pas dissocié de la sagesse, quand les philosophes formaient des vertueux plutôt que des virtuoses cherchant à nous procurer un « équipement de l'âme » qui nous aiderait à mourir et, avant cela, à vivre[2].

Luc Simonet
Président d'Optimistes sans frontières
Royaume de Belgique

1. Président émérite de la Cour constitutionnelle de Belgique.
2. Paul Martens, discours du 3 septembre 2010 au Barreau de Bruxelles en partenariat avec la Ligue des optimistes du Royaume de Belgique sur le thème « Une autre façon d'être avocat ».

Prologue

En ces temps troublés, à l'heure où les conflits, les catastrophes naturelles et humanitaires, les récessions économiques et sociales ne cessent de rappeler à notre bon souvenir les misères du monde, comment ne pas percevoir un parfum d'insolence et de scandale, voire de franche provocation, dans l'annonce d'un possible *Éloge de l'optimisme*[1] ? Confirmons dès à présent cette intention malicieuse, impertinente et politiquement incorrecte. Nous plaiderons donc coupable en affirmant que si l'homme a des droits, il a aussi des devoirs ; et que le premier d'entre eux est le devoir d'optimisme, clé de tous les autres ! Mais nous n'en sommes pas encore là.

Car autant l'admettre d'emblée, l'optimisme n'est pas vraiment à l'ordre du jour. D'ailleurs, l'a-t-il jamais été ? Qu'ils dissertent du climat, de la situation économique et financière nationale ou mondiale, de la déliquescence de l'éducation, de la culture et de l'environnement, des tensions géopolitiques ou des risques sanitaires divers auxquels nous

1. Preuve que ce thème est dans l'air du temps, « L'éloge de l'optimisme » était le titre d'une intéressante chronique publiée il y a quelques mois par la psychothérapeute Michèle Freud sur son blog http://michelefreud.com.

expose la modernité, la majorité des experts compétents diffusent globalement de forts arômes de pessimisme, voire de pessimisme donneur de leçons.

Bref, nous déclare-t-on en substance, le monde va globalement assez mal, cela ne s'arrangera pas dans l'avenir et d'ailleurs vous l'avez bien cherché !

Haro sur les optimistes ! Qu'un grand quotidien se pique de ne plus diffuser que des bonnes nouvelles et son nombre de pages diminuera sans doute à mesure que fondra son lectorat. Quant au sympathique politicien excessivement optimiste, en particulier sur les sujets graves, la supposée immaturité d'une telle attitude risque assez rapidement de lui faire interrompre une carrière prometteuse, faute de crédibilité et de suffrages.

Car tout est là. Non seulement le pessimisme fait davantage vendre que l'optimisme, mais en outre il fait plus sérieux, plus solide, bref plus réaliste !

Le citoyen que nous sommes, qu'il soit père ou mère de famille, salarié ou retraité, étudiant ou enseignant, peine ainsi à trouver au fil des séquences de son journal télévisé favori quelques miettes de réconfort et de confiance en l'avenir. Et pour peu que – pris d'une sorte d'addiction morose – il se mette à fréquenter assidûment les forums et autres blogs d'humeur qui fleurissent sur le Net, le désespoir ne tarde pas à s'infiltrer, incrustant au cœur des esprits les moins chagrins son visage mélancolique et résigné.

Il demeure bien sûr nombre de quêteurs, porteurs et autres diffuseurs d'espoir et de confiance. Ils constituent la communauté invisible de toutes celles et ceux qui, de par le monde, pensent que l'avenir est toujours ouvert, que la partie est loin d'être perdue, que les forces vives de l'intelligence frappent à nos portes, que la créativité et la passion peuvent tout, que d'autres solutions ne demandent qu'à être inventées et que tant d'autres chemins n'attendent que d'être explorés.

Qu'à cela ne tienne. Rendons un instant la parole aux experts et ils ne tarderont pas à qualifier tous ces « incorrigibles optimistes » de rêveurs, de poètes, voire de naïfs ou d'utopistes. Et c'est sous couvert de réalisme et de lucidité qu'ils les renverront séance tenante à l'analyse froide de la seule vérité qui compte, celle de la rationalité des chiffres et du bon sens, celle de l'étroite sagesse des possibles raisonnables, dont il s'agit d'assurer la victoire face à l'immense éventail des impossibles radieux !

Dès lors, pourquoi un *Éloge de l'optimisme* ? Pourquoi tenter de défendre, de promouvoir, de diffuser largement cette forme de pensée, sympathique certes, mais tellement inadaptée – aux dires de certains – aux réalités d'un monde si cruel et désespérant ?

La réponse est simple : nous sommes de plus en plus nombreux à penser qu'il existe une authentique *voie optimiste*, et qu'à l'heure de la montée des incertitudes dans tous les domaines, cette voie seule est à même de faire bouger dans le bon sens la société et ceux qui y vivent. Que ce soit dans le monde de l'éducation ou de la santé, dans la famille ou au bureau, chez les travailleurs sociaux ou les hommes d'affaires, dans les médias ou au coin de la rue, l'optimisme repart en campagne. Mais une chose a changé. Les optimistes ne sont plus seuls ! Dans le monde entier, un nombre croissant de chercheurs, journalistes, intellectuels, philosophes, écrivains, enseignants, psychologues, etc., entreprennent désormais de mieux comprendre, de défendre et de diffuser largement la pratique de cette fabuleuse dimension de la nature humaine.

Les optimistes avaient déjà leurs grands auteurs, ils ont désormais leurs grands chercheurs, leurs chaires universitaires, et même une organisation internationale, Optimistes sans frontières, et un pays d'accueil virtuel, l'Optimistan[1] ! Celles et ceux qui, dans leur vie personnelle et professionnelle, font le choix de l'optimisme sont bien sûr convaincus que cette voie est à la fois nécessaire et salubre. Mais n'est-ce pas un chemin bien abrupt en ces temps si difficiles, parfois si désespérants ? Non, car l'optimisme peut être une aventure réellement positive et agréable, souriante et énergique, et somme toute relativement aisée d'accès, pour peu que l'on accepte de regarder différemment le monde qui nous entoure et, par conséquent, de conduire différemment notre propre existence.

Car, et c'est là l'autre bonne nouvelle annoncée par les spécialistes de la question, l'optimisme n'est plus uniquement considéré comme un trait inné de personnalité, même si nous n'avons pas tous les mêmes prédispositions en la matière. Mais ce que les maîtres ès optimisme nous apprennent, c'est que la partie n'est pas jouée d'avance, même pour les plus pessimistes (pardon, les plus réalistes) d'entre nous. Oui, l'optimisme se travaille, se développe, et s'entretient comme on entretient son corps et son esprit.

Au cœur de cet *Éloge de l'optimisme* réside une conviction simple, à la fois humaniste et citoyenne. Il n'y a pas, il n'y a jamais eu et il n'y aura jamais d'alternative durable à l'optimisme, surtout quand les brouillards descendent, que résonnent encore dans le lointain les orages qui s'éloignent et que grondent déjà ceux qui s'approchent. Seul l'optimisme peut faire bouger le monde et évoluer positivement ceux qui y vivent. Il est vrai que le pessimiste peut avoir raison. Il a même souvent raison, techniquement parlant. Mais c'est

1. Voir son site officiel, www.optimistan.org.

aussi parce que l'optimiste ne le croit pas qu'il entreprend des folies déraisonnables, qu'il sort du cadre, qu'il prend des risques, qu'il s'aventure, qu'il parie, bref qu'il profite davantage du voyage de la vie, quelles que soient les surprises – bonnes ou mauvaises – que celle-ci lui réserve. Voilà ce qui fait désormais de l'optimisme militant un authentique combat philosophique et social, et donc une quête majeure, car chargée de sens pour les générations présentes et à venir.

L'optimisme est nécessaire car il se nourrit d'enthousiasme autant qu'il en diffuse autour de lui. Il peut arriver que cet enthousiasme se révèle excessif, illusoire ou risqué. Mais qu'importe. Comme nous le rappelle la célèbre formule du philosophe allemand Hegel, « Rien de grand ne s'est accompli dans le monde sans passion ». Et quand bien même l'enthousiasme ferait parfois trébucher l'optimiste, c'est quand même lui qui lui donne l'envie de se relever puis de poursuivre, le sourire aux lèvres sinon la fleur aux dents, l'aventure promise à chacun au fil de cette merveilleuse route que l'on appelle la vie.

Mais connaissons-nous vraiment l'optimisme ? C'est à cette définition et aux mises en perspective qu'elle exige que nous nous attacherons. Nous entreprendrons une excursion dans quelques domaines où l'optimisme fait aujourd'hui la différence, notamment pourquoi et comment l'attitude optimiste nous maintient plus longtemps en meilleure forme physique et mentale, nous conduit à créer des relations sociales plus agréables, nous rend plus attractifs dans le monde professionnel et, ce qui ne gâte rien, fait de nous des hommes ou des femmes plus chanceux que les autres. Nous apprendrons comment développer cette dimension optimiste dans nos propres vies, éduquer notre regard à voir le monde de façon optimiste, prendre des décisions porteuses de possibilités nouvelles et, surtout, nous permettre de contribuer à la création d'une authentique « société optimiste », pour le plus grand bénéfice de tous.

P. G.

1.
Qu'est-ce que l'optimisme ?

L'optimisme, c'est voir la vie à travers un rayon de soleil.
– Carmen Sylva

Nul besoin de faire de la Terre un paradis : elle en est un.
À nous de nous adapter pour l'habiter.
– Henry Miller

Rien de grand n'a jamais été entrepris sans enthousiasme.
– Ralph Waldo Emerson

On ne lit plus Émile Littré, ou plus assez. Pourtant, son célèbre *Dictionnaire de la langue française* (publié par Hachette entre 1863 et 1872) conserve à la fois le charme suranné des écrits classiques tout en manifestant une précision dans les termes dont certains lexiques contemporains pourraient légitimement s'inspirer.

Interrogé sur l'*optimisme*, le Littré nous rappelle que ce mot du langage philosophique est assez récent. Né au début du XVIIIe siècle, il semble avoir été employé pour la première fois en 1737, par des pères jésuites, dans un compte rendu de lecture de la *Théodicée* de Leibniz[1].

1. « En termes de l'art, il appelle la raison du meilleur, ou plus savamment encore, théologiquement autant que géométriquement, le Système de l'optimum ou l'Optimisme », *Mémoires*, février 1737, p. 207.

Il s'agissait en fait d'un néologisme, dérivé savant du latin *optimus* (très bon, le meilleur), lui-même superlatif de *bonus* (bon). Depuis les débuts du Moyen-Âge, on trouve même assez couramment dans des textes en vieux français l'adjectif *optime*, servant à qualifier quelque chose de très bon, voire d'excellent. Cela signifie-t-il que l'optimisme serait une création moderne, qui n'existait donc pas avant que les philosophes des Lumières s'en emparent? Certes non. Il y eut de tout temps, heureusement, des hommes et des femmes optimistes et on retrouve les preuves d'attitudes et comportements optimistes jusque chez nos plus lointains ancêtres! Mais il n'en demeure pas moins que le mot même d'*optimisme* est effectivement une création de la modernité, sanctionnée solennellement lors de son adoption par l'Académie française en 1762.

Quand la philosophie va

L'optimisme désigne donc avant tout – historiquement parlant – une doctrine philosophique dans laquelle le monde est tenu pour globalement bon et où le bien tient davantage de place que le mal. Bref, tout ce qui existe sous le soleil est le mieux possible.

Son élaboration première – sous une forme souvent qualifiée d'*optimisme absolu* – est généralement attribuée à G.W. Leibniz (1646-1716), qui expose cette approche théologique d'une « harmonie préétablie du monde » dans son fameux *Essai de Théodicée sur la bonté de Dieu, la liberté de l'homme et l'origine du Mal*, paru en 1710. Pour Leibniz le monde dans lequel nous vivons, parce qu'il a été créé par Dieu, ne saurait être parfait (car seul Dieu peut l'être). Mais il n'en demeure pas moins le meilleur des mondes possibles… à un moment donné! Notre monde est donc globalement bon dans son ensemble, car issu de la bonté divine à notre égard. Ainsi, même imparfait, il l'emporte quand même en perfection sur tous les autres mondes possibles concevables par Dieu dans son intelligence infinie. Cela ne veut pas dire que notre monde ne soit pas perfectible. Mais ce perfectionnement doit être abordé par l'homme avec beaucoup de discernement, car nombre d'améliorations – donc en apparence du Bien – risqueraient à terme de déboucher sur des conséquences négatives – donc du Mal.

C'est sans doute à Voltaire que Leibniz doit d'avoir ainsi traversé le temps jusqu'à nous, promotion posthume dont l'intéressé se serait sans doute bien passé. Car Voltaire, qui était pourtant lui-même un grand optimiste, fut en son temps scandalisé par cette approche du « meilleur des mondes » défendue par Leibniz, à une époque ou le grand tremblement de terre de Lisbonne de 1755 ensevelissait à jamais, aux dires des sources d'époque, entre 50 000 et 100 000 personnes ! C'est dans ce contexte dramatique, marqué par ce qui demeure l'une des catastrophes les plus meurtrières de l'histoire, que Voltaire publie en 1768 son célèbre *Candide ou l'optimisme*, charge sans concession contre le système philosophique de Leibniz, incarné ici par le personnage du Docteur Pangloss, qui face à tous les malheurs du monde s'entête avec rage à « soutenir que tout est bien quand tout est mal » et à y voir la preuve de la perfection de la création divine dans le « meilleur des mondes ». La postérité jugea sans doute que Voltaire avait, sur cette dispute philosophique, fait preuve d'une certaine mauvaise foi, simplifiant à l'excès et caricaturant à outrance le système de Leibniz plus qu'il ne l'illustrait vraiment. Le « Candide » n'en demeure pas moins l'un des grands classiques de la littérature des Lumières, même si l'optimisme qu'il décrit y apparaît de façon très négative, sous forme d'une attitude inconséquente, égoïste, et totalement insensible aux difficultés et drames du monde réel.

Mais Leibniz n'est pas le seul à avoir posé les bases d'une philosophie optimiste. À son *optimisme absolu* répond l'*optimisme relatif* (parfois aussi appelé *méliorisme*) d'un Fénelon (1651-1715), héritier en cela des philosophes de l'Antiquité, et tout particulièrement de Marc-Aurèle et des stoïciens. Pour Fénelon, et contrairement à Leibniz, le monde n'est pas absolument bon, loin de là. Il existe même des formes nombreuses du mal et il faut les combattre sans relâche. Mais au final, la part du bien l'emporte sur celle du mal. Plus précisément, le monde ne peut être amélioré que par la volonté et l'intervention de ceux qui y vivent, point sur lequel Fénelon annonçait déjà la vision de Voltaire. Notre monde est donc éminemment perfectible et cette seule caractéristique suffit à donner à la vie sa raison d'être : l'effort pour faire mieux, pour aller mieux, pour vivre mieux. Nous sommes ici face à cette morale de l'action qui fait l'essence de la philosophie des Lumières, cette immense confiance en les aptitudes des êtres humains à travailler à l'amélioration du monde et à faire leur bonheur. Nous voici dans la droite ligne des idéologies du progrès qui, de Fourier à Auguste Comte jusqu'aux représentants contemporains de la psychologie humaniste, affirment que la nature humaine est améliorable en soi. Cette attitude philosophique, encore très présente aujourd'hui, n'est pas sans rappeler l'idée d'« optimisme de la volonté » chère au cœur du philosophe Alain, dans ses *Propos sur le Bonheur* (1925).

La poursuite de notre exploration historique autour de l'idée d'optimisme nous conduit rapidement à une bifurcation importante. Le système philosophique optimiste du XVIIIe siècle ne tarde pas en effet à se muer à partir de la fin du XIXe et surtout du milieu du XXe siècle en une dimension nettement plus terre à terre, celle de la psychologie.

Car dans le langage courant, celui de notre vie quotidienne, l'optimisme est aujourd'hui surtout considéré comme une attitude mentale, une tournure d'esprit, une disposition qui conduit certaines personnes « à voir tout en beau » (Littré), c'est-à-dire à être naturellement enclines à être contentes de tout et confiantes en une tournure positive des événements à venir.

Cette façon de voir le monde s'accompagne d'ailleurs de son corollaire, à savoir une certaine façon de *ne pas vouloir voir* le monde environnant, du moins sous ses aspects les plus négatifs.

Du grand au petit optimisme

L'optimiste structurel est ainsi fait. C'est son tempérament, sa nature profonde. Le sens commun nous indique qu'il ne s'inquiète pas plus que cela des embarras présents et préfère en toutes circonstances bien augurer de l'avenir, considérant toute difficulté comme passagère, donc peu intéressante, source de souci inutile et de perte de temps. L'une de ses forces, mais aussi de ses faiblesses, tient dans cette capacité à se focaliser naturellement sur le bon côté des choses, tout en négligeant les aspects défavorables ou négatifs susceptibles d'advenir.

Le psychologue américain Christopher Peterson[1] a qualifié cette disposition de l'esprit, sans doute acquise précocement par l'individu dans son enfance, de *grand optimisme (Big Optimism)* ou *optimisme fort*. Il s'agit en effet d'un regard positif global porté sur les événements et sur le

1. Chris Peterson, « The Future of Optimism », *American Psychologist*, vol. 55, 2000, 44-55.

futur, et qui porte à la fois sur le court et le long terme. Le *grand optimisme* de Peterson est ancré dans la personnalité profonde de l'individu. Ce programme mental engendre pour celui qui en est doté un sentiment général de force, de puissance, et sans doute aussi de confiance et de maîtrise face aux événements. Le *grand optimiste* évolue dans un état de conscience tout à fait particulier. Il se sent en permanence énergique et robuste, bref totalement résistant face aux aléas éventuels nés des autres ou du monde, aléas auxquels il finit même parfois par ne plus croire vraiment.

Mais au-delà de cette définition très radicale de l'attitude optimiste, ici considérée comme une sorte de programmation mentale générale, Peterson note que l'on constate, même chez les individus les plus pessimistes, l'existence d'une sorte de *petit optimisme (Small Optimism)* ou *optimisme faible*, c'est-à-dire d'une capacité – sans doute innée et inscrite dans le génome – à éprouver dans des situations spécifiques de la vie une certaine confiance en l'avenir immédiat.

Chacun d'entre nous, quels que soient son âge, son sexe, son niveau d'éducation, son origine culturelle ou ethnique, est capable d'éprouver le sentiment que le dénouement d'une situation incertaine lui sera favorable, qu'il trouvera la solution, qu'il y a une issue et qu'elle sera positive pour lui.

Tel est le *petit optimisme*, ce regard spécifique porté sur un événement ou une éventualité. C'est lui qui nous permet de faire des prévisions positives sur des actions banales et nous incite, dans des situations données, à adopter un comportement sain et constructif.

L'optimisme dans tous ses états

S'intéresser à l'optimisme, c'est donc se pencher sur un objet étrange, à plusieurs facettes, et qui constitue un ensemble hétérogène de façons de vivre sa nature d'être humain.

Être optimiste, c'est tout d'abord présenter un mode particulier de fonctionnement psychologique. Les hommes et les femmes qui se définissent comme *optimistes* perçoivent le monde d'une certaine façon, insistant sur certains points (les plus positifs) et négligeant, voire « zappant » purement et simplement, tous les autres (en particulier les plus négatifs). L'optimisme est donc un trait de caractère, un trait de personnalité, voire un état de conscience qui nous conduit à envisager l'avenir comme une réalité globalement désirable, quelles que soient par ailleurs les difficultés que nous serons conduits à rencontrer.

Mais l'optimisme n'est pas uniquement une façon de *voir* le monde. C'est aussi et surtout une façon d'*agir* sur le monde, d'*interagir* avec le monde ou, comme disent les philosophes, d'*être-au-monde*. L'optimisme est de ce point de vue un authentique art de vivre, c'est-à-dire une attitude globale face à soi-même, aux autres et à la vie, attitude fondamentalement créatrice d'énergie positive et de mouvement vers le meilleur, pour ne pas dire vers le bonheur. L'optimisme est donc avant tout une attitude et, comme telle, se compose de trois dimensions totalement imbriquées les unes dans les autres :

– une dimension dite « cognitive », faite d'informations et de connaissances, mais aussi de croyances et de jugements de valeur.

L'optimiste recherche toujours des données positives en face d'un problème, cherche à savoir si des solutions constructives ont déjà été mises en œuvre ailleurs, regarde avant tout ses propres forces et nourrit ainsi sa croyance en la possibilité de toujours améliorer les choses.

– Une dimension « affective », faite d'humeurs, de sentiments et d'émotions éprouvés dans des situations concrètes.

L'optimiste aime faire confiance, éprouve de la satisfaction face aux « petites victoires » de la vie et prend naturellement plaisir à la réussite des autres.

– Une dimension « comportementale » enfin, qui nous prédispose à agir de telle ou telle façon.

L'optimiste affiche clairement ses intentions d'aller de l'avant, de prendre des risques, de tester, de risquer ; il cherche en permanence à développer des ressources positives et fait au vu de tous des choix de vie (professionnelle ou personnelle) qui démontrent sa confiance en les autres et en l'avenir.

Quoi de neuf ? L'optimisme !

Les hommes ont-ils toujours pratiqué l'optimisme en tant qu'*art de vivre* ? Sans doute. La capacité de chaque être humain – même le plus pessimiste – à envisager positivement ce qui va lui arriver *(petit optimisme)* nous indique sans doute que l'attitude optimiste plonge ses racines très profondément dans notre passé anthropologique. Lionel Tiger, dans son ouvrage sur la *biologie de l'espérance*[1], démontre clairement comment la sélection naturelle a su jouer un rôle positif pour la race humaine en fonction de son optimisme congénital, c'est-à-dire en fonction des illusions positives qui l'ont sans doute toujours caractérisée, depuis la nuit des temps. L'histoire nous apporte une multitude de preuves de cet optimisme permanent, qui fait que les êtres humains – collectivement et parfois individuellement – agissent toujours en fonction d'un espoir, celui que l'avenir sera globalement meilleur que le passé. L'anticipation posi-

1. Lionel Tiger, *Optimism : The Biology of Hope*, New York, Kodansha Amer. Inc., 1995.

tive est à la base de la dynamique de l'évolution et de toute civilisation. Planter au printemps pour récolter à l'automne est un signe culturel d'optimisme, tout comme attaquer un mammouth au javelot, entreprendre la construction d'une cathédrale en sachant qu'elle ne sera peut-être terminée qu'un siècle plus tard ou s'accorder – tel Kennedy – moins de dix ans pour envoyer un homme marcher sur la Lune.

Nos Anciens étaient-ils, de ce point de vue, plus optimistes que nous ? Ce qui est sûr, c'est que leur vie était globalement plus courte et plus dure. Mais leurs sources d'espérance étaient aussi plus importantes. On pense en particulier à celles liées à la foi en un ou plusieurs dieux ainsi qu'en la promesse d'une vie au-delà de la mort. Lorsqu'il advint que l'optimisme du fait de Dieu se mette à perdre du terrain, le relais fut pris – du moins pour certains – par la foi en les bienfaits de la science, du progrès ou de la technologie, nouvelles divinités aux possibilités infinies. Les dernières décennies ont certes sérieusement entamé l'optimisme scientifique et technologique qui caractérisa si bien le XXe siècle. L'idée selon laquelle nous vivrons mieux demain qu'hier, ou que nos enfants bénéficieront d'un environnement de vie meilleur que leurs parents et grands-parents fait désormais débat. Mais quels que soient les arguments avancés, les tenants de l'optimisme demeurent. Sans doute sont-ils aujourd'hui plus lucides que leurs aînés sur les dégâts du progrès, les limites de la science, les dangers technologiques et les menaces environnementales. Mais les optimistes restent des optimistes, c'est-à-dire des hommes et des femmes que rassemblent quatre convictions, on pourrait même dire quatre paris :

– Le pari sur *la force de la volonté*, individuelle et collective, afin de faire changer positivement les choses, même les plus négatives, même les plus abîmées. L'optimisme, c'est le courage de poursuivre la lutte ; c'est refuser de renoncer, dans tous les domaines.

– Le pari sur *l'existence d'une solution*, soit qui est déjà mise en œuvre quelque part, soit qui reste à inventer ; car face à n'importe quel problème, l'optimiste se définit avant tout comme un *possibiliste*. L'optimisme, c'est refuser l'idée même d'impossible et de fatalité, l'idée qu'un quelconque problème puisse être une impasse.

– Le pari sur *la ressource positive*, sur le culte des points forts, des qualités potentielles, et du « verre à moitié plein » comme leviers essentiels permettant de continuer à faire avancer positivement un monde par définition imparfait. L'optimisme, c'est être conscient des limites, des carences et des faiblesses du monde mais c'est aussi refuser catégoriquement de s'attarder dessus.

– Le pari sur *l'action opportune* enfin, sur la possibilité pour chacun de toujours prendre les options et les bifurcations qui conviennent à un moment donné, afin que demain puisse être meilleur qu'aujourd'hui. L'optimisme, c'est croire qu'on a toujours une marge de manœuvre positive, qu'on a toujours le choix.

Philosophie de la vie et mode de réflexion sur le monde, l'optimisme est aussi une caractéristique psychologique dont certains hommes et femmes semblent davantage dotés que d'autres. Et si chacun perçoit plus ou moins ce qu'être optimiste veut dire, les mécanismes mentaux que cet état d'esprit recouvre méritent sans doute d'être clarifiés, ne serait-ce que pour essayer de les développer chez soi-même et les autres !

2.

Comment un optimiste fonctionne-t-il dans sa tête ?

> Il n'y a pas un millimètre du monde qui ne soit savoureux.
>
> Jean Giono

> Il n'y a pas d'événements misérables.
> Il n'y a que des événements misérablement accueillis.
>
> Maurice Maeterlinck

À quoi reconnaît-on un optimiste ? Ce point est d'importance car il concerne à la fois l'identité de l'optimiste lui-même, la façon dont il est perçu par les autres (en particulier les pessimistes) et, ce qui n'est pas le moindre, les différentes modalités de relation avec son propre environnement.

Tentez l'expérience et faites un bref sondage autour de vous, par exemple à partir d'une question simple, du genre : « Pour toi, c'est quoi un optimiste ? » Les réponses ne tarderont pas à fuser, présentant tour à tour l'optimiste comme celui ou celle :

– qui voit la vie en rose,
– qui prend ses désirs pour des réalités,
– qui prend la vie comme elle vient,
– qui a toujours bon moral,
– qui ne voit que le verre à moitié plein,

– qui pratique la méthode Coué,
– qui prend toujours les choses du bon côté,
– qui croit à la chance,
– qui pense toujours que les choses s'arrangeront, etc.

Bref, sans qu'il soit nécessaire d'avoir étudié la psychologie pendant plusieurs années, il semble bien que l'on dispose instinctivement de tout un tas d'indices de comportement qui nous permettent à la fois :

– d'identifier un optimiste lorsque nous en rencontrons un,
– de repérer aisément les manifestations de l'optimiste qui sommeille en nous, parfois même profondément !

Si l'on observe attentivement, il apparaît que le point commun propre à l'ensemble des attitudes et comportements dits *optimistes* est qu'ils constituent tous des modes d'*anticipation positive* de la réalité. « Prendre les choses du bon côté », c'est presque toujours se projeter dans un avenir désirable, même quand on parle du présent ou du passé !

Cette anticipation positive de *ce qui va se passer* peut adopter des formes très diverses. Prenons l'exemple d'une conversation entre amis ou entre collègues de travail. Avant même qu'il n'ouvre la bouche, il n'est pas rare que l'optimiste soit perçu comme un individu plutôt de bonne humeur, souvent souriant, et qui manifeste d'emblée une attitude ouverte propre à susciter le contact et l'échange. La communication débute et l'optimiste va de lui-même orienter, voire recentrer la discussion avec ses interlocuteurs sur des perspectives positives et heureuses. Quant aux décisions et actions qu'il ne manquera pas de mettre en œuvre suite à cet échange, elles illustreront aussi cette attitude composée d'un mélange subtil d'ouverture, d'assurance et de confiance, à la fois en soi et en les circonstances.

D'où vient le tempérament optimiste ? Comment un individu en vient-il à anticiper naturellement de façon positive l'évolution d'événements dont il ignore tout ? De nombreux chercheurs se sont penchés sur les origines de l'optimisme, cherchant à distinguer :

– ce qui pouvait être inné et donc hérité génétiquement d'une part,

– ce qui était plutôt appris, car issu des expériences de la vie d'autre part.

Pour le fondateur de la psychanalyse Sigmund Freud, l'optimisme était certes une caractéristique innée mais une caractéristique dont il convenait de se méfier, car par définition créatrice d'illusions dangereuses. Plus avant dans le siècle, diverses études scientifiques en arrivèrent à affirmer que 80 % des traits psychologiques tels que le bonheur ou l'optimisme étaient transmis génétiquement. Les travaux les plus récents dans le domaine semblent quant à eux établir entre 30 et 50 % le caractère héréditaire de nos traits psychologiques positifs. Il y aurait donc bien une prédisposition héréditaire à l'optimisme, l'humeur positive étant (partiellement) d'origine génétique. Mais dans tous les cas de figures, l'optimisme « inné » d'un individu ne pourra s'exprimer vraiment qu'au sein d'un environnement favorable et du fait des relations, des interactions qui y seront développées ainsi que des circonstances qui y seront rencontrées. Il est rassurant qu'éducation et apprentissage retrouvent ici la place centrale qui leur revient !

Comment se manifeste au quotidien un tempérament optimiste ? D'un point de vue psychologique, on peut considérer qu'un optimiste se reconnaît essentiellement au fait qu'il passe son temps à… *optimiser* ! L'optimiste se présente en effet comme quelqu'un qui *optimise tout ce qu'il vit*, et ce quelle que soit la nature de ce qu'il vit (événements positifs ou négatifs, heureux ou dramatiques, réussites ou échecs, etc.) ! Les différentes recherches faites sur ce point ont clairement mis en évidence que cette attitude psychologique d'*optimisation de la réalité* porte en priorité sur la façon dont l'optimiste se situe dans le temps. Sur une ligne imaginaire reliant le passé à l'avenir en passant par l'instant présent, les optimistes vont donc se reconnaître à trois caractéristiques :

– leur façon *d'envisager l'avenir* ;

– leur façon d'interpréter *les événements passés qui leur sont advenus* (en particulier lorsqu'ils sont négatifs, mais pas seulement) ;

– leur façon *de décider et de faire des choix dans l'instant présent*, les optimistes vivant presque toujours leur présent comme une sorte de « réservoir d'avenir favorable ».

L'optimiste et les lendemains qui chantent

On constate en premier lieu que l'optimiste – sans toujours voir tout en rose, comme on le lui reproche parfois – n'en perçoit pas moins l'avenir à travers un filtre particulier.

Les premiers chercheurs dans le domaine ont étudié de près ce trait de personnalité, cette façon remarquable de se projeter dans le temps et d'optimiser son futur en l'imaginant de façon globalement positive. Pour le psychiatre Christophe André, être optimiste conduit toujours à « supposer, face à l'incertain, qu'il existe une issue favorable et se donner le droit d'agir pour la faciliter[1] ». Cette définition rejoint d'ailleurs celle d'une autre grande spécialiste, Sonja Lyubomirski, qui voit dans l'optimisme « l'anticipation globale d'un avenir positif, assortie de la certitude qu'on

1. Christophe André, *Vivre Heureux. Psychologie du bonheur*, Odile Jacob, 2003, p. 262.

pourra remplir ses objectifs[1] ». Aux dires de ces experts, l'optimisme présente donc – psychologiquement parlant – deux facettes :

– une facette cognitive et intellectuelle : l'optimiste est un individu qui envisage aisément une issue favorable aux situations qu'il rencontre ;

– une facette émotionnelle et affective : l'optimiste est aussi quelqu'un qui éprouve un sentiment de confiance heureuse dans l'évolution ou le dénouement d'une situation.

Dans les années quatre-vingt-dix, deux chercheurs américains, Michael Scheier et Charles Carver, ont considérablement approfondi la notion de « disposition à l'optimisme », en étudiant dans ses moindres détails cette façon d'aborder la vie qui prédispose une personne à s'attendre à ce que des événements bénéfiques lui arrivent dans l'avenir. Selon eux, il s'agit d'un trait relativement stable de la personnalité et qui se met en place assez tôt dans notre développement psychologique. Scheier et Carver ont d'ailleurs élaboré dans le cadre de leurs propres travaux un outil intitulé Test d'orientation de la vie *(Life Orientation Test),* qui leur permet de mesurer le « niveau d'optimisme » des personnes qu'ils interrogent. On pourrait bien sûr discuter du bien-fondé de ce genre de technique pour évaluer une dimension si complexe de la personnalité ; mais ce test a au moins le mérite d'exister et les conclusions des deux chercheurs nous confirment tout l'intérêt que représente l'étude de l'optimisme dans notre société. Il apparaît en effet que c'est bien son niveau d'optimisme – défini comme la capacité d'un individu à se projeter naturellement dans un avenir positif – qui lui permettra, par exemple :

1. Sonja Lyubomirski, *Comment être heureux... et le rester,* Paris, Flammarion, 2007, p. 111.

– de continuer à fournir des efforts même quand l'objectif est difficile à atteindre,

– de rester motivé en cas d'échec en se préservant des « affects négatifs » tels que déception, résignation, frustration, etc.

– d'accepter les réalités difficiles et de tenter de trouver des solutions,

– de donner le meilleur de lui-même en toutes circonstances, etc.

On imagine aisément l'intérêt de telles conclusions, en particulier au niveau de leurs applications dans des domaines tels que l'éducation, l'entraînement des sportifs, le travail social ou le management des employés dans les entreprises.

En effet, même si l'on admet avec Scheier et Carver que la « disposition optimiste » est acquise précocement, on ne peut s'empêcher de penser qu'elle peut aussi être renforcée, voire – pourquoi pas – « réveillée » chez certaines personnes. Ainsi, et tous les éducateurs le savent bien, faire travailler un individu sur des attentes positives (objectifs, buts, aspirations, etc.) en même temps que sur la prise de conscience de ses propres ressources internes (qualités, points forts, potentiels, etc.) conduit à créer un environnement mental dans lequel le sujet aura beaucoup plus de facilité à se projeter efficacement et harmonieusement dans l'avenir. On peut donc en conclure que si nos réflexes innés d'anticipation diffèrent selon notre tempérament, il reste toujours possible de s'entraîner à voir le futur différemment et à parier de façon plus positive sur l'évolution des situations que nous rencontrons.

Mais ce travail sur l'anticipation positive, et c'est là le deuxième grand enseignement des recherches sur l'attitude optimiste, passe obligatoirement par un travail de mémoire.

Quand l'optimiste se souvient

En effet, les recherches récentes ont démontré que les optimistes ne se souviennent pas des événements qu'ils ont vécus de la même façon que les pessimistes !

Martin Seligman est sans conteste le plus grand spécialiste contemporain de l'optimisme. C'est aussi le fondateur en 1998 de la « psychologie positive », cette branche très récente de la discipline, qui s'est donné comme objet l'étude scientifique des forces du caractère et de la personnalité ainsi que de l'ensemble des expériences subjectives positives. À l'origine spécialiste de la dépression, Seligman s'est fait connaître au milieu des années soixante par ses travaux de référence sur la « résignation acquise », parfois aussi appelée « impuissance apprise » *(learned helplessness)*. Il y démontre que certains individus « apprennent » littéralement à renoncer, à abandonner, à baisser les bras, à capituler devant la vie, et ce en fonction de la façon dont ils interprètent ce qui leur est arrivé dans le passé. Ces premières recherches le conduisirent progressivement à abandonner l'étude de la dépression pour se concentrer à partir des années soixante-dix à l'étude exclusive de son contraire, à savoir les différentes manifestations du bien-être subjectif, dont l'optimisme.

Pour Martin Seligman[1] donc, on ne naît pas optimiste ou pessimiste mais on le devient, en particulier du fait de nos interactions précoces avec notre environnement, et plus particulièrement nos parents, nos frères et sœurs, nos amis d'enfance, nos éducateurs, etc. Selon lui, c'est la façon dont nous apprenons à expliquer ce qui nous arrive, à interpréter les causes des événements (en particulier négatifs) qui nous

1. Martin Seligman, *La Force de l'optimisme*, Inter Éditions – Dunod, 2008.

adviennent qui va conditionner la construction d'une attitude plutôt optimiste ou pessimiste face à la vie. Nos interprétations de nos échecs (et de nos succès) vont donc peu à peu créer une sorte de terrain mental plus ou moins propice au déploiement d'un réflexe optimiste ou au contraire pessimiste dans les situations rencontrées.

Selon M. Seligman, nous disposons de trois dimensions nous permettant d'expliquer les événements de notre vie, chacune pouvant être illustrée par une question clé :

1. La causalité : *ce qui m'est arrivé est-il plutôt de mon fait (personnalisation) ou dû à des circonstances extérieures ?*

2. La stabilité : *ce qui m'est arrivé est-il appelé à se répéter à chaque fois (durable) ou était-ce exceptionnel (temporaire) ?*

3. La globalité : *ce qui m'est arrivé est-il valable dans tous les domaines de ma vie (universalité) ou concerne-t-il uniquement le domaine concerné (spécificité) ?*

Ainsi face à un échec important ou à une épreuve inattendue, un pessimiste aura plutôt tendance à croire que cette situation désagréable :

– est stable, c'est-à-dire qu'elle va se poursuivre, se répéter.

– est globale, c'est-à-dire qu'elle va affecter tous les autres domaines de sa vie.

– est de son seul fait, de sa seule responsabilité.

a. Je n'ai pas eu cette promotion. Comme d'habitude, je n'ai pas su me mettre en valeur. C'est toute l'histoire de ma vie. De toute façon, je n'ai jamais de chance en rien.

b. Elle m'a quitté. De toute façon, elles me quittent toujours. En fait, personne ne s'attache à moi, je suis tellement nul.

Dans des circonstances malheureuses identiques, l'optimiste au contraire percevra plutôt cet événement négatif comme quelque chose :

– d'isolé et passager, qui n'est nullement censé se répéter dans l'avenir,

– de spécifique, aux causes limitées et qui n'affecte que le domaine précis dans lequel il est advenu,

– qui est essentiellement le fait de circonstances externes.

a. Je n'ai pas eu cette promotion. Cela peut arriver. D'autant qu'il y avait une forte concurrence sur ce poste-là. Mais j'ai encore de la réserve car dans certains domaines de compétences, je reste incontournable.

b. Elle m'a quitté. C'est malheureux je sais, mais c'est la vie. Et puis elle attendait des choses que je ne pouvais pas lui donner. Me revoici un homme libre, mais pas pour trop longtemps j'espère.

À noter que face à une situation agréable, une réussite ou un coup de chance, le système d'explication de l'optimiste fonctionne aussi sur ces trois mêmes critères… mais qu'il évalue en sens inverse. Ainsi, l'optimiste aura plutôt tendance à rechercher en priorité en quoi il est à l'origine de l'événement positif qui lui est arrivé (personnalisation), en quoi cet événement positif en annonce sûrement d'autres (permanence) et dans beaucoup d'autres domaines de sa vie (globalité) !

Les conclusions de ces recherches sont donc tout à fait passionnantes et éclairantes dans la perspective d'un développement de l'attitude optimiste. En effet, l'enseignement majeur issu des travaux de Martin Seligman est qu'un optimiste est d'abord un homme ou une femme qui dispose d'un certain « style explicatif », c'est-à-dire qui a *appris* à interpréter les événements d'une certaine façon. C'est donc son mode d'interprétation de ce qu'il a vécu qui va ou non lui donner l'envie d'affronter positivement les épreuves ou de tenter de reproduire les événements favorables qu'il a rencontrés. L'un des éléments essentiels de cette interprétation renvoie à la notion de contrôle. Globalement, un individu est d'autant plus pessimiste qu'il pense n'avoir aucun contrôle sur les événements à venir. L'optimiste, au contraire, pense qu'il y a toujours un moyen d'exercer une influence sur ce qui se passe et donc de modifier le cours des événements.

Mais si l'optimiste présente une capacité évidente d'imaginer positivement le futur, capacité d'ailleurs liée à sa façon d'interpréter les événements, il n'est pas que cela. Car au-delà de ce qu'il pense, l'optimiste est avant tout un homme ou une femme qui agit, c'est-à-dire qui prend des décisions !

L'optimiste passe à l'action !

Être optimiste, c'est bien sûr manifester une certaine façon de réfléchir, de percevoir, de penser, etc. Mais c'est aussi et surtout une manière d'agir, c'est-à-dire d'entrer en relation avec les autres, de traiter l'information, de décider, de faire des choix. Être optimiste, c'est donc illustrer dans son quotidien un certain art de vivre… en optimiste !

Les optimistes se reconnaissent entre autres par leur façon de s'ajuster aux circonstances. Car il ne suffit pas d'avoir une tournure d'esprit consistant à prendre les choses du bon côté. Ce n'est pas uniquement sur nos paroles que nous sommes évalués comme une personne optimiste ou pessimiste, mais bien sur nos attitudes et nos actes visibles.

Quels sont les comportements propres aux plus optimistes d'entre nous ? Nous en avons déjà évoqué plusieurs, mais est-il possible de mettre un peu d'ordre dans cet inventaire des attitudes positives propres à l'optimisme ?

Nous en proposons quatre :

1. L'optimiste fait en permanence des « paris positifs ».

C'est un joueur de la vie qui *mise* en permanence et de préférence sur le meilleur. Le mode de fonctionnement optimiste conduit celui qui l'adopte à systématiquement parier sur du positif, que ce soit sur l'existence d'une ressource non encore exploitée, d'une solution intelligente qui reste à trouver ou d'une issue favorable à découvrir.

L'optimiste, contrairement à ce que l'on croit parfois, n'est pas toujours sûr de gagner; il peut même être tout à fait conscient des risques qu'il prend. Mais il considère que dans le doute, on a toujours avantage à jouer plutôt qu'à passer son tour.

2. L'optimiste fait toujours le choix de l'action et de l'engagement.

Et il fait ce choix là où le pessimiste, au contraire, préférera souvent l'attente et le désengagement, faute de confiance en la possibilité d'influer réellement sur le cours des choses. L'idée sous-jacente est que dès l'instant où l'on agit, où l'on fait quelque chose (même n'importe quoi), on change la donne de la situation initiale, ne serait-ce que de façon infinitésimale. Agir, que ce soit en entrant en relation, en partant à la recherche d'une information ou en prenant une décision banale, conduit toujours à introduire un biais dans ce qui, sans cela, serait resté le cours naturel des événements. Agir, c'est toujours à terme reprendre une part, même modeste, de contrôle sur les événements de sa vie.

3. L'optimiste est un régulateur de ses propres humeurs.

Et ce talent joue en particulier lorsqu'il se découvre lui-même d'humeur pessimiste (eh oui, cela peut arriver). L'une des caractéristiques de l'attitude optimiste tient justement dans cette capacité à ajuster en permanence ses attitudes et comportements aux objectifs qu'il poursuit. Cet ajustement aux circonstances peut prendre plusieurs formes, depuis la création d'un environnement de vie qui entretienne l'image positive du but recherché jusqu'à la pratique d'un dialogue intérieur auto-motivant.

4. Enfin, l'une des caractéristiques des grands optimistes est la persévérance.

L'optimiste, comme tout le monde, n'aime pas échouer. Mais lorsqu'il lui arrive de rencontrer des obstacles et des revers, il recommence, il essaye une fois de plus, il tente à nouveau sa chance. Plus que de l'entêtement, le mode de fonctionnement optimiste est fondé sur l'idée qu'il existe sûrement quelque part un concours de circonstances, une combinaison de conditions favorables (à la fois intérieures et extérieures) qui permettront à la réussite de se déployer. La raison fondamentale pour laquelle les optimistes finissent presque toujours par gagner, c'est qu'ils se découragent en dernier.

Mais le fonctionnement optimiste ne peut être vraiment compris – et surtout maîtrisé – tant qu'on ne l'a pas confronté à son vieil adversaire, à celui que l'on peut à bon droit considérer comme son « meilleur ennemi ». Nous parlons, bien évidemment, du pessimisme ! Ce pessimisme si mal-aimé et pourtant, nous allons le voir, tellement essentiel.

3.
Le pessimisme est-il bon pour le moral ?

Perd celui qui sait ce qu'il va faire s'il gagne.
Gagne celui qui sait ce qu'il va faire s'il perd.
MACHIAVEL

Je peux comprendre le pessimisme, mais pas le manque d'optimisme.
Pier THEYS

Je suis pessimiste par l'intelligence, mais optimiste par la volonté.
Romain ROLLAND

Mon pessimisme n'est qu'une forme de l'optimisme.
Jean COCTEAU

En apparence, « le pessimisme est la doctrine opposée à l'optimisme[1] ». D'un point de vue sémantique, ce point est d'ailleurs confirmé par tous les bons dictionnaires, qui renvoient dos à dos les deux termes, chacun s'articulant comme le contraire de l'autre.

1. http://fr.wikipedia.org/wiki/pessimisme.

Du pessimisme en général

Philosophiquement parlant, le pessimisme est donc une doctrine qui soutient que tout est mal ici-bas ou du moins que la somme des maux l'emporte sur celle des biens. Certains auteurs antiques tels que les sophistes, ou plus proches de nous tels Montaigne ou Leopardi, sont considérés comme des pessimistes avant l'heure. Mais c'est à Arthur Schopenhauer (1788-1860) que l'on doit d'avoir forgé et développé le concept de *pessimisme*, élaboré dans le cadre d'une critique philosophique radicale de la pensée de Leibniz et de son « meilleur des mondes possibles ». Pour Schopenhauer[1], notre monde est au contraire « le pire des mondes possibles », car l'œuvre d'une volonté totalement indifférente au bien et au mal, et donc au final beaucoup plus mauvaise que bonne car égoïste et insensible. Dès lors, le mal l'emportant sur le bien, la vie est plutôt faite pour que nous ne soyons pas heureux, et mieux vaut donc *ne pas être* qu'être ! Ce point de vue désespéré, dont on peut retrouver une version plus poétique chez Vigny ou plus littéraire chez Bernanos, annonce aussi le pessimisme d'un Sartre ou le nihilisme d'un Cioran. À noter sur ce point que Nietzsche, souvent considéré comme un pessimiste, l'est peut-être moins qu'on ne le croit, philosophiquement parlant. Car s'il apparaît fondamentalement pessimiste dans son diagnostic sur l'état actuel de l'humanité, il n'en propose pas moins des solutions « optimistes » – c'est-à-dire des solutions d'action sur le monde – qu'elles aient pour noms « Surhomme » ou « Volonté de puissance ».

Pour les psychologues, le pessimisme est de même le contrepoint (apparent) de l'optimisme. Cette attitude

1. Arthur Schopenhauer, *Le Monde comme volonté et représentation* (1819), « Folio », Gallimard, 2009.

mentale, cette tournure d'esprit pousse celui qui l'exprime à ne voir que ce qu'il y a de mauvais, de menaçant, de dangereux, etc., dans le monde qui l'entoure. Que ce soit par caractère ou après réflexion, le pessimiste prévoit une issue fâcheuse aux événements et à la situation. La vision du futur du pessimiste est apparemment bouchée. Comme le définit très justement le psychiatre Christophe André, « est pessimiste celui qui, face à une incertitude, a tendance à préférer une certitude négative[1] ». En toutes circonstances le pessimiste préfère prévoir le pire.

Mais l'opposition entre pessimisme et optimisme n'est pas uniquement liée à la nature des attentes par rapport à l'avenir. Comme nous l'avons vu dans le chapitre précédent, les pessimistes ont aussi un « style d'explication » des événements qui entretient cette attitude d'anticipation négative. Confrontés à une épreuve ou à un échec, ils s'en sentent totalement coupables, considèrent cela comme normal et sont convaincus que cet échec n'est qu'une manifestation parmi beaucoup d'autres de leur incapacité à gagner. Face à une réussite en revanche, le pessimiste a souvent tendance à l'attribuer à la seule chance et n'y voit qu'un événement très exceptionnel et isolé qui ne présage en rien de réussites futures dans d'autres domaines.

Dès lors, cette vision peu enthousiasmante de son futur – autant que de son passé – aura comme conséquence, dans la vie du pessimiste, la conviction qu'aucune décision prise aujourd'hui ne peut avoir de réelle influence bénéfique ou positive pour l'avenir.

Il y a en fait, derrière toute attitude pessimiste, une idée sous-jacente qui sans doute illustre au mieux la différence de perspective avec l'approche optimiste. C'est celle selon

1. Christophe André, *Vivre heureux, op. cit.*, p. 214.

laquelle, dans le fond, les événements importants sont incontrôlables par la volonté. Cette idée du contrôle – ou plutôt de l'absence de contrôle et d'influence réelle sur le cours des choses – est essentielle à la compréhension de l'état d'esprit pessimiste. Nous avons en effet besoin, pour nous sentir bien dans notre tête, d'exercer une emprise sur notre environnement et de penser que cette emprise aura des conséquences favorables. Envisager une amélioration de son sort passe par la conscience de ses marges de manœuvre et d'action, par la détection de nouvelles « fenêtres d'opportunités », que le pessimiste a du mal à percevoir, et encore plus à voir.

Le pessimisme, pour quoi faire ?

Bien sûr, le pessimiste croit disposer, face à l'optimiste, de quelques bons arguments permettant de justifier sa position. L'un des principaux est bien évidemment, selon le pessimiste, celui de la lucidité, ou plutôt du sacro-saint *réalisme*. Ainsi, le pessimiste aime à se définir comme quelqu'un qui, contrairement à l'optimiste et à ses enthousiasmes naïfs, voit le monde *comme il est réellement*, c'est-à-dire dans sa supposée brutale et si peu réjouissante réalité.

Il est vrai que l'optimisme – malgré toute la sympathie que l'on peut avoir pour cette attitude de l'esprit – est loin de représenter une panacée. Dans certaines situations de la vie, un optimisme excessif peut se révéler inadapté, déplacé, voire même dysfonctionnel. Oui, l'optimisme peut-être dangereux. C'est par exemple le cas lorsqu'on se trouve face à un danger vital (« J'ai trop bu, mais je suis sûr que ça va aller. Passe-moi les clés de la voiture ») ou confronté à une situation totalement marquée par le hasard et l'aléatoire (« Tout sur le 13, je sens que la chance est en train de tourner »).

L'optimisme radical est donc souvent *intellectuellement irresponsable*, surtout lorsqu'il s'accompagne d'une mauvaise analyse de la situation rencontrée. Il peut conduire à la construction d'attentes irréalistes autant qu'à une prise de risque inconsidérée pour cause d'excès de confiance. Voulant ne voir que le rose de la vie à laquelle il aspire, l'optimiste radical va, par manque de maturité et de lucidité, totalement négliger (allant jusqu'à les nier), les informations portant sur les risques encourus. L'illusion de contrôle est en place et le syndrome de toute-puissance n'est pas loin !

Mais l'optimisme radical est aussi *moralement suspect*. En effet, le désir borné de refuser de regarder en face les aspects les plus sombres de la réalité peut conduire à l'égoïsme et à l'insensibilité face aux malheurs du monde.

Le pessimisme présente donc un caractère très ambigu, ce qui en fait d'ailleurs tout l'intérêt.

D'un côté, le pessimisme est utile (sans doute autant que l'optimisme), puisque l'évolution l'a laissé survivre. Fondement anthropologique de cette qualité qu'est le réalisme, il nous sert souvent de garde-fou. À la base de la capacité d'*homo sapiens* à gérer ses risques, le pessimisme demeure le fondement de la prudence, qualité vitale en environnement incertain et hostile. S'inquiéter de l'avenir n'est pas mauvais en soi, en particulier dans les périodes de crise ou d'incertitude.

Le pessimisme peut d'ailleurs être activé de diverses façons. Il est des pessimismes d'alerte qui nous rappellent les contraintes et les dangers de la réalité. Il est aussi des pessimismes de prévention, qui nous protègent contre la déception. Il existe des pessimismes de préparation, qui nous maintiennent prêts à affronter les difficultés et les échecs. Il est enfin des pessimismes de superstition, pour lesquels le fait de s'attendre à la pire des issues est perçu comme un moyen presque magique de se protéger contre la mauvaise fortune et le sort contraire. « Je préfère craindre sans raison que m'exposer sans précaution », fait dire Beaumarchais à un vieux barbon jaloux dans son *Barbier de Séville*.

Le prix de la lucidité

Mais d'un autre côté, même s'il lui arrive d'avoir raison, le pessimiste le paye souvent très cher ! Depuis toujours corrélé à la morosité, à la tristesse, voire à la dépression et au suicide, le pessimisme laisse dans son sillage un état souvent difficile à supporter par les autres. L'impression de désenchantement qui colle à la peau du pessimiste le rend souvent peu attractif, sinon pour d'autres pessimistes. Ayant des difficultés à susciter de la sympathie, le pessimiste structurel peut alors rencontrer des difficultés de toutes sortes, que ce soit dans sa vie professionnelle, sa vie sociale ou sa vie amoureuse. Son obsession du verre à moitié vide, son inquiétude chronique, ses précautions excessives, ses prophéties de mauvais augure, son anticipation systématique des impasses et des chausse-trappes sont autant de sources de démoralisation pour celles et ceux qui gravitent autour de lui. Tout au plus peut-on admettre qu'en société, le pessimiste puisse être – exceptionnellement – sauvé par son style. L'humour, l'esprit de finesse, l'élégance du verbe voire un certain esthétisme sombre pourront dès lors réveiller l'intérêt pour sa personne et ses propos, sans pour autant raviver durablement la flamme de l'enthousiasme ou du désir.

Mais ce n'est pas tout. Car parmi les divers prix à payer par le pessimiste, celui touchant à sa santé n'est pas le moindre. Dans un ouvrage récent, le psychiatre Michel

Lejoyeux[1] nous rappelle qu'au-delà de la mélancolie et de la dépression, le pessimisme chronique est aujourd'hui reconnu responsable de beaucoup d'autres troubles psychosomatiques. Souvent hypocondriaque, malade imaginaire constitutionnel, le pessimiste peut aussi finir par développer d'authentiques pathologies, son système immunitaire n'étant pas autant soutenu par son moral que celui de l'optimiste[2].

Pour conclure sur ce point, admettons que si le pessimisme présente à l'usage quelques bénéfices intellectuels non négligeables (*avoir eu raison contre tous les autres*, par exemple), le coût moral, affectif, relationnel et émotionnel qu'il aura fallu payer pour cela est sans doute excessif. L'écrivain Georges Bernanos écrivait que « la seule différence entre un optimiste et un pessimiste, c'est que l'optimiste est un imbécile heureux et que le pessimiste est un imbécile triste » !

En d'autres termes, il peut arriver qu'au bout du chemin, la réalité de la Nature ou de l'histoire donne finalement raison aux pessimistes. Mais les optimistes auront sans doute davantage profité du voyage et, ce qui est peut-être plus important encore, en auront davantage fait profiter les autres.

Optimisme vs pessimisme, les règles du jeu

Mais le pessimisme n'est pas pour autant l'ennemi de l'optimisme. Et si l'optimisme est bien en lutte, ce n'est pas contre le pessimisme en soi, mais contre l'ensemble des cocktails désespérants réalisés en son nom, le plus souvent

1. Michel Lejoyeux, *Les Secrets de nos comportements*, Paris, Plon, 2009.
2. Voir chapitre 4, « Pourquoi les optimistes sont-ils en meilleure santé (et vivent-ils plus longtemps) ? ».

à base d'ingrédients toxiques ayant pour noms *résignation*, *scepticisme, cynisme, sentiment d'impuissance, morosité* ou *aigreur* !

Dès lors, peut-on tenter de réconcilier l'optimisme et le pessimisme ? Nous en sommes d'autant plus convaincu que l'opposition affirmée entre ces deux attitudes tient davantage, lorsqu'on observe attentivement la réalité de nos comportements, de l'illusion d'optique pure et simple !

Il existe certes quelques optimistes absolus, tout comme il est des pessimistes structuraux. Mais ces deux profils de personnalité présentent un caractère radical qui les rend d'autant plus exceptionnels et, somme toute, assez marginaux. Pour la grande majorité d'entre nous en revanche, et selon des degrés divers, optimisme et pessimisme s'affrontent quotidiennement au cœur de notre individualité en une sorte de combat permanent, même si les forces en présence ne sont pas toujours à égalité.

Autrement dit, nous disposons tous au sein de notre « logiciel mental » d'une double capacité à la fois optimiste et pessimiste. Cette double capacité est inscrite dans notre génome et transmise comme telle au fil de l'évolution de l'espèce. Certes les deux capacités – l'optimiste et la pessimiste – sont rarement de tailles et de puissances équivalentes. Prédisposition génétique, éducation, apprentissages de la vie font que l'une ou l'autre apparaît au fil de nos premières années de vie comme dominante. Elle finit par s'installer – à nos propres yeux et à ceux de notre entourage – comme notre personnalité de base, accréditant l'idée d'un tempérament plutôt optimiste pour certains, plutôt pessimiste pour d'autres. Bref, il est des optimistes et des pessimistes comme il est des droitiers et des gauchers.

Mais notre réalité psychique est bien évidemment tout autre, beaucoup plus fine et infiniment plus complexe. Ce qu'il est nécessaire de rappeler ici, c'est que l'optimisme et le pessimisme ne s'opposent pas ; l'optimisme n'est pas le contraire du pessimisme. Mais *optimisme et pessimisme fonctionnent tous deux en polarité, en tension dynamique* au fil des événements de notre vie.

S'il fallait illustrer cette relation essentielle, l'image du jeu du « tir à la corde » semble tout indiquée. À chaque extrémité de la corde se trouve un groupe, composé de joueurs plus ou moins imposants physiquement, mais tous déterminés à entraîner l'équipe adverse au-delà de la ligne. Chaque groupe tire et tente de faire avancer l'équipe adverse. Parfois, une équipe est nettement plus puissante que l'autre ; la compétition ne dure pas longtemps et perd rapidement tout intérêt, car le résultat est joué d'avance. Parfois, les forces en présence semblent équivalentes ; c'est alors que le jeu commence vraiment et que l'une ou l'autre équipe va, à son tour, gagner du terrain, en reperdre, etc., jusqu'à ce que la plus forte gagne la partie, du moins celle d'aujourd'hui. Il en est sans doute ainsi du rapport optimisme / pessimisme qui vit en nous, et qui explique combien la frontière entre les deux n'est pas toujours aussi claire à déterminer.

Ainsi du professeur Michel Lejoyeux, qui émet l'hypothèse que l'optimisme pourrait être chez certaines personnes un authentique mécanisme de défense. Il serait la manifestation inconsciente d'une disposition dépressive contraire, l'individu optimiste étant en fait « un pessimiste en lutte contre sa propre nature[1] ». Cela lui permettrait ainsi de s'adapter à ses émotions négatives en les transformant en leur contraire.

Sans aller jusque-là, l'observation des comportements des individus très performants, en particulier dans les situa-

1. M. Lejoyeux, *Les Secrets de nos comportements*, *op. cit.*, p. 102.

tions à fort enjeu, nous montre que le lien entre optimisme et pessimisme se doit d'être revisité.

Cette idée est très bien illustrée, par exemple en sport, en stratégie militaire ou en gestion de projets à risque, par la notion de « pessimisme défensif » (ou « optimisme paradoxal »). L'idée sous-jacente est que l'optimisme et le pessimisme n'existent pas dans l'absolu, mais par rapport à un but ou à un chemin pour parvenir à ce but. Ainsi l'optimisme de but nous conduit à croire que nous allons réussir là où l'optimisme de chemin nous laisse penser que ce sera facile. En revanche, le pessimisme de but nous conduit à penser que nous allons échouer quand le pessimisme de chemin nous fait anticiper que la route sera difficile et la pente rude.

En environnement à risque, l'attitude intérieure couplant optimisme de but et optimisme de chemin *(on va réussir et cela va être super facile)* est sans doute la plus dangereuse, car elle conduit à négliger les risques. L'attitude opposée, couplant pessimisme de but et pessimisme de chemin *(non seulement nous allons échouer, mais en plus nous allons souffrir)* est quant à elle totalement déprimante ! L'attitude la plus adaptée semble donc être celle du « pessimisme défensif », composé d'un mélange d'optimisme de but et de pessimisme de chemin *(nous réussirons mais nous devons nous attendre à de grosses difficultés).*

On retrouve ici l'idée d'un *optimisme pragmatique* – d'un *optimisme flexible* (selon l'expression de M. Seligman) qui nous permet, à partir d'une base de personnalité globalement optimiste, d'être en mesure de nous mettre ponctuellement sous « tension pessimiste », ramenant ainsi notre curseur psychologique sur un état qui va nous rendre plus réceptif aux risques cachés, aux menaces éventuelles ou aux solutions alternatives.

C'est cet optimisme flexible qui nous permettra, tout en restant confiant en la réussite ultime de nos projets, de nous préparer à la lutte, de réfléchir sereinement sur des problèmes éventuels, d'anticiper pour éviter qu'ils ne surviennent, voire de relativiser notre déception en cas d'échec.

L'optimisme et le pessimisme peuvent donc être tous deux fonctionnels et utiles, selon les situations rencontrées. Bien que chacun d'entre nous les porte tous deux à l'intérieur de soi, l'un est presque toujours plus fort que l'autre. Nous avons tous une attitude optimiste ou pessimiste dominante, comme nous avons une main dominante ou un œil directeur. Mais de même que notre autre main est nécessaire et notre autre œil essentiel, notre disposition secondaire (qu'il s'agisse du pessimisme ou de l'optimisme) doit apprendre à fonctionner en harmonie avec l'autre. Il s'agit là d'une des conditions essentielles de l'équilibre durable, tant au niveau de notre personnalité que de nos comportements.

Néanmoins, notre conviction demeure que si le pessimisme a bien un rôle à jouer, ce ne peut-être qu'en complément de l'optimisme, dont il doit être – chaque fois que cela s'avère nécessaire – le régulateur efficace et fidèle.

Mais l'optimisme demeure à nos yeux la seule base possible pour générer de l'enthousiasme, à la fois en soi-même et chez les autres.

Car seul l'optimisme donne envie, seul l'optimisme motive durablement, seul l'optimisme donne à chacun le droit de croire en ses rêves et de vouloir faire bouger le monde, au nom de cette énergie vitale qui n'en finit pas de cheminer à nos côtés depuis les premiers temps de l'Aventure humaine.

4.

Pourquoi les optimistes sont-ils en meilleure santé ? (et vivent-ils plus longtemps)

J'ai décidé d'être heureux, parce que c'est bon pour la santé.
VOLTAIRE

L'âge où l'on se décide à rester jeune importe peu.
Henri DUVERNOIS

La vie est trop courte pour qu'on soit pressé.
Henry David THOREAU

Si l'on ne devait conserver qu'une seule bonne raison de faire l'éloge de l'optimisme, le fait qu'il soit bon pour la santé suffirait à lui seul à justifier l'entreprise. De loin en loin les grandes sagesses du monde ont eu l'intuition que cet état d'âme positif recelait sans doute des vertus puissantes, propres à contenter le corps autant que l'esprit. Dans la Bible, au Livre des Proverbes, le roi Salomon n'écrivait-il pas : « un cœur joyeux rend le visage serein ; mais quand le cœur est triste, l'esprit est abattu » (15:13) et, un peu plus loin, « un cœur joyeux est un bon remède, mais un esprit abattu dessèche les os » (17:22) ? Aujourd'hui, ces principes sont désormais reconnus et, comme l'écrit Thierry Janssen,

« de plus en plus de thérapeutes en sont convaincus : une attitude optimiste face à la vie est le médicament le plus puissant et le moins coûteux que l'être humain ait jamais eu à sa disposition[1] ».

Quand la recherche se penche sur l'optimisme

Ces liens entre optimisme et bien-être, curiosité et équilibre psychologique ou bonne humeur et longévité nourrissent depuis plusieurs décennies nombre d'études cliniques et scientifiques de référence.

Dès les années quarante, l'ambitieuse Étude du développement des adultes de l'université de Harvard s'attache – après avoir identifié leur niveau d'optimisme au début de l'enquête – au suivi de plusieurs centaines d'hommes adultes. Vingt ans après, avec une moyenne d'âge de 45 ans, leur état moyen de santé est totalement corrélé avec le niveau d'optimisme mesuré initialement. Les plus optimistes sont toujours, au bout de deux décennies, ceux présentant la meilleure forme physique et mentale.

Dans les années soixante, c'est le Département de psychologie de la Mayo Clinic, dans le Minnesota, qui lance une étude similaire, qui s'étalera sur 30 années. Le résultat sera là aussi sans appel : les individus initialement identifiés comme « optimistes » ont vécu presque 20 % plus vieux que les autres, tout en présentant des capacités physiques et une qualité de vie bien meilleure.

C'est en 2001 que l'université du Kentucky réalisa à son tour une célèbre étude portant sur des congrégations religieuses, et qui mit en évidence que les nonnes ressentant joie

1. Thierry Janssen, *La Solution intérieure*, Paris, Fayard, 2006, p. 93-94.

et bonne humeur dans leur apostolat vivaient en moyenne 10 ans de plus que celles ayant éprouvé peu de satisfactions dans leur vie quotidienne.

En 2009 enfin, c'est l'université de Pittsburgh qui fit paraître les résultats d'une enquête démarrée dix ans auparavant sur un très large échantillon de femmes post-ménopausées de 50 à 79 ans. Après une évaluation initiale de leur niveau d'*optimisme* ou d'*hostilité-cynisme* (terme qui remplace dans cette étude celui de *pessimisme*), un suivi annuel fut réalisé qui démontrait que les femmes optimistes avaient été 10 % moins nombreuses à être atteintes de maladies cardiovasculaires et 15 % moins nombreuses à mourir. En revanche, le risque était accru de 16 % pour celles présentant l'attitude la plus hostile-cynique (pessimiste). La conclusion était évidente : les femmes faisant preuve d'optimisme risquent moins que les autres de souffrir de troubles cardio-vasculaires que celles qui voient la vie en sombre et moins de risques de mourir prématurément, toutes causes confondues.

On pourrait poursuivre au fil des pages la présentation de toutes ces études[1]. Retenons simplement que, depuis soixante ans, leurs conclusions se recoupent de façon tout à fait cohérente autour d'une série d'idées simples, à savoir que les hommes et les femmes manifestant une forte tendance à l'optimisme :

– ont moins de jours d'arrêt-maladie que les autres,

– présentent une immunité renforcée face aux infections de toutes sortes,

– courent moins de risques d'être victimes d'un accident vasculaire cérébral,

1. Voir Michel Lejoyeux, *Les Secrets de nos comportements*, Paris, Plon, 2009, p. 102-109.

– présentent moins de risques d'être atteints de certaines formes psychosomatiques d'asthme ou d'allergie,

– sont plus résistants au stress et aux épisodes dépressifs,

– ont un taux de survie supérieur aux autres après un infarctus,

– récupèrent plus rapidement après des chimiothérapies et ont des rémissions plus longues,

– vieillissent mieux, à la fois physiologiquement et psychologiquement, etc.

Dès lors, au-delà du simple constat, médecins et psychologues ne pouvaient que chercher à mieux comprendre les raisons profondes de ce lien apparent entre optimisme et bien-être.

La biochimie de l'optimisme

Il semble que la compréhension des liens réels pouvant exister entre optimisme et santé pose aux spécialistes des problèmes tout à fait spécifiques. En effet, le simple bon sens nous susurre à l'oreille qu'un « état d'esprit optimiste », aussi puissant soit-il, ne peut à lui tout seul avoir un effet bénéfique automatique sur notre santé. Sauf à y voir une sorte de contrepoids positif – et quasi magique – à tous les autres facteurs de bien-être physique et mental, qu'il s'agisse d'alimentation, d'alcool, de tabac, d'addictions diverses, de sédentarité, de pollution, de mode de vie, de pénibilité du travail ou de conduites à risques, etc.

Certes l'optimisme peut être considéré comme un antécédent de la santé psychologique et physique. Mais il peut aussi en être un médiateur, voire une simple conséquence. Ainsi, la question n'est plus de savoir si le mental domine le corps, mais comment s'insère l'optimisme dans le processus de santé, c'est-à-dire dans quelles conditions une attitude optimiste et positive se révèle la plus à même d'influencer de façon bénéfique (et durable) nos mécanismes physiologiques, neurologiques ou immunologiques.

Là de même, les chercheurs les plus avancés ont tenté de comprendre comment tout cela pouvait fonctionner, chacun s'efforçant d'apporter sa pierre à l'édifice.

Pour certains, il existerait dans notre cerveau une *zone de l'optimisme.* L'information a été publiée fin 2007 dans la célèbre et très sérieuse revue *Nature,* à la suite d'une étude menée par la New York University[1]. Selon ses conclusions, notre degré d'optimisme serait contrôlé par une petite section de notre cerveau moyen (mésencéphale), située derrière nos yeux, et qui se déclenche lorsque nous élaborons des pensées positives sur l'avenir. En d'autres termes, cette zone cérébrale serait tout simplement capable de transformer une pensée optimiste en émotion agréable ! L'imagerie cérébrale (IRM) confirme que cette même zone – le cortex cingulaire antérieur rostral ou CCAr – s'active fortement chez un optimiste alors qu'elle ne semble pas fonctionner correctement chez quelqu'un atteint de dépression !

D'autres spécialistes ont fait récemment une découverte tout aussi étonnante, celle de ce qui pourrait s'apparenter à un *gène de l'optimisme*[2] ! Une étude menée en 2003 en Nouvelle-Zélande a ainsi mis en évidence un lien existant entre la façon dont les individus apprécient plus ou moins positivement leur vie *(life-satisfaction)* et la longueur d'un de leurs gènes, le 5HTT. Ce gène est celui qui code le transport de la sérotonine, neuromédiateur aujourd'hui reconnu comme le grand régulateur de nos humeurs. Ce

1. Schacter, D.L. et Addis, D.R., « The optimistic brain », *Nature Neuroscience, 10* (11), 1345-1347.
2. Elena Sender, « Heureux qui comme son père ou sa mère », *Sciences et Avenir,* juin 2010, 50-52.

gène, dans sa forme longue (5HTT-L), serait donc celui des gros porteurs de sérotonine. Il créerait ainsi les conditions physiologiques pour que l'on perçoive davantage la vie en positif et que l'on soit durablement beaucoup plus résistant au stress négatif et à la dépression. La réalité étant comme toujours plus complexe, d'autres éléments, en particulier psychologiques et sociaux, ont conduit certains spécialistes à relativiser cette thèse. Mais la base chimique de nos comportements n'en demeure pas moins, et elle doit être prise en compte dans la compréhension globale des liens pouvant exister entre notre fonctionnement mental (par exemple notre tempérament optimiste) et les mécanismes physiologiques à l'œuvre à l'intérieur de notre organisme.

L'idée selon laquelle il existerait chez l'homme un *circuit chimique de l'optimisme* est aujourd'hui acceptée par nombre de chercheurs, en particulier dans le domaine très prometteur de la psycho-neuro-immunologie[1]. Les personnes les plus résilientes[2] (dont les optimistes font souvent partie) présenteraient une activité dominante du cerveau gauche, censée contribuer à l'activation de meilleures défenses immunitaires. Ces personnes semblent aussi être à même, toujours *via* leur cortex cérébral gauche (lieu des images mentales et des émotions), « d'inhiber » littéralement les zones du cerveau générant peurs et angoisses, et tout particulièrement au niveau de l'amygdale du système limbique. Dans ce cas de figure, l'hypothalamus n'est plus stimulé, n'engendre plus sa diffusion d'hormones et les taux de cortisol sanguin restent normaux. Le stress s'éloigne dans

1. Thierry Janssen, *La Solution intérieure*, *op. cit.*, p. 51-72.
2. La *résilience* est le terme utilisé en psychologie pour définir les personnes ayant la capacité non seulement de se reconstruire mais aussi de s'épanouir malgré un choc traumatique grave. Elle est l'objet de plusieurs travaux de référence du psychiatre Boris Cyrulnik (*Un merveilleux malheur*, Odile Jacob, 1999).

la foulée, emportant avec lui le risque d'humeur dépressive et de dérèglements inflammatoires.

Il reste certainement beaucoup à faire pour comprendre tous les tenants et aboutissants de cette relation corps-esprit, dont l'optimisme n'est qu'une des manifestations. Parmi les terrains futurs de recherche, on notera par exemple les liens pouvant exister entre l'estime de soi et les mécanismes physiologiques ; les personnes ayant une image d'elles-mêmes positive sont en effet probablement plus à même de mettre en œuvre dans leur vie des comportements de prévention efficaces. L'optimisme, de même, semble jouer un rôle positif déterminant sur la régulation de l'humeur des patients atteints de maladies chroniques.

Que dire enfin de ce sujet très délicat, celui de l'influence sur notre état de santé de la fréquentation assidue des médias de masse ou de l'absorption sans contrôle des informations médicales qu'ils diffusent ? Le pouvoir des croyances négatives sur la santé du corps reste encore à explorer. Il en est ainsi, par exemple, de l'effet *nocebo* (contraire de l'effet *placebo*), qui fait que la simple confrontation à des informations médicales pessimistes (qu'elles soient glanées dans des magazines, à la télévision ou sur des blogs de patients) peut créer chez certaines personnes une immense anxiété, allant même jusqu'à abaisser fortement leurs défenses immunitaires.

Psychologie d'un optimiste en bonne santé

Peut-être est-il temps, après les neurobiologistes et les médecins, de redonner la parole aux psychologues. On pense en particulier à ceux qui, tels Martin Seligman[1] ou

1. Martin Seligman, *La Force de l'optimisme*, *op. cit.*

Christopher Peterson[1], se réclament ouvertement du mouvement de la *psychologie positive*, cette branche récente de la discipline, davantage fascinée par les forces intérieures et les potentiels des êtres humains que par les dérèglements de leur personnalité ou les troubles de leur comportement.

Pour les tenants de la psychologie positive, l'optimisme contribue à notre santé et à notre bien-être global de quatre façons, qu'il est d'autant plus nécessaire de connaître et de comprendre qu'elles peuvent toutes faire l'objet d'un développement, *via* un apprentissage approprié.

1. L'optimisme a un impact positif sur la santé des individus en ce qu'il entretient chez eux un mode d'explication des événements de leur vie qui fait qu'ils se sentent responsables de ce qui leur arrive lorsque l'expérience est positive, mais qu'ils relativisent cette responsabilité quand l'expérience est négative. Pour le pessimiste en revanche, c'est l'inverse qui se produit : une sur-responsabilisation (voire de la culpabilité) quand l'expérience est négative, mais une absence de responsabilité quand celle-ci est positive.

L'optimisme, nous l'avons vu, est aussi une façon d'expliquer les causes de ce qui nous arrive, en particulier quand l'événement est négatif. C'est un style explicatif plutôt externe (le problème ne vient pas essentiellement de moi), spécifique (le souci ne porte que sur un domaine précis) et instable (il n'y a guère de raison pour que cela se reproduise).

a. *Je me suis enrhumé parce qu'hier soir* (spécifique), *le chauffage était trop bas chez les Martin* (attribution externe) *; la prochaine fois, je ferai attention, j'apporterai un pull et je leur demanderai éventuellement de monter la température* (recherche d'une solution adaptée).

1. Christopher Peterson et Lisa Bossio, *Optimisme et Santé*, Paris, JC Lattès, 1993.

Face à une situation identique, le pessimiste aura quant à lui une réaction plutôt interne, généralisée et peu tournée vers l'action :

b. *J'ai attrapé un rhume chez les Martin parce que je suis de santé fragile* (explication interne et générale) *; d'ailleurs je n'ai pas osé leur dire que j'avais froid chez eux car je suis timide, et je serai d'ailleurs toujours timide* (général et stable) *; j'espère qu'on trouvera un jour un médicament efficace contre le rhume* (passivité, attentisme).

On voit donc que l'optimisme (contrairement au pessimisme) réduit considérablement notre sentiment d'impuissance et de résignation, en particulier face à la maladie. L'optimiste éprouve le sentiment qu'il dispose d'un contrôle sur les événements et qu'il est acteur dans un devenir qui reste à construire, ce qui entretient chez lui un sentiment d'action. L'optimiste est sans doute aussi souvent touché par la maladie que la moyenne de la population, mais il pense qu'il peut raisonnablement influer sur son propre état. Il se sait capable – peut-être davantage que d'autres – de mettre en place une stratégie pour se soigner ou pour diminuer son stress. Face aux tendances hypocondriaques de ces « malades imaginaires » que sont souvent les grands pessimistes, les optimistes se refusent à rentrer dans la manipulation si bien décrite par le personnage du docteur Knock[1] de Jules Romains, pour qui la santé n'était qu'« un état transitoire et précaire qui ne laisse présager rien de bon » !

Plusieurs travaux se sont ainsi intéressés aux liens entre le sentiment que l'on a de pouvoir influer sur le monde, la croyance que l'on peut contrôler (même partiellement) les événements et enfin l'estime que l'on se porte à soi-même. Ce sentiment de contrôle, nourri par une image positive

1. Jules Romains, *Knock ou le triomphe de la médecine*, Paris, Gallimard, « Folio », 1972.

de soi et de ses possibilités d'action (en particulier sur la maladie), contribue à maintenir actives nos défenses immunitaires. *A contrario*, d'autres études semblent clairement démontrer le lien entre sentiment d'impuissance, résignation et affaiblissement des défenses du corps.

2. L'optimisme incite à prendre soi-même sa santé en main.

L'optimiste, par définition, pense sincèrement qu'« il y a toujours quelque chose à faire », même dans une situation difficile ou critique, en particulier en cas de maladie, de stress excessif ou de dépression. C'est là une différence fondamentale avec l'attitude pessimiste, selon laquelle rien ne sert d'agir. Le sentiment que toute action sera peu efficace voire inutile est à la base de la montée du sentiment d'impuissance et de l'amorçage d'un cercle vicieux aux allures de boucle perverse : inaction → aggravation → sentiment d'impuissance → résignation → inaction, etc.

Il apparaît donc qu'en termes de santé, le problème majeur posé par le pessimisme – psychologiquement parlant –, c'est le risque de passivité extrême qu'il engendre, passivité pouvant s'exprimer, selon les circonstances, sous des formes diverses : déni, négligence ou indifférence face au traitement à suivre, voire fatalisme, etc.

Déjà dans les années quarante, lorsque fut réalisée à Harvard l'étude évoquée au début de ce chapitre, les individus pessimistes se déclaraient davantage sujets aux maladies. Rien d'étonnant à cela, vu ce que nous savons aujourd'hui. Mais lorsque était évoquée la possibilité pour eux de reprendre leur santé en main, par exemple en arrêtant de fumer, ils se déclarèrent majoritairement moins enclins à cesser leur consommation de tabac, certains parce qu'ils ne croyaient pas pouvoir y arriver, d'autres parce qu'ils ne pensaient pas que cela puisse avoir un impact significatif sur leur état physique général !

C'est aussi cet état d'esprit propice à la prise en charge de soi-même qui fait que les optimistes suivent plus volontiers les traitements médicaux qui leur sont prescrits. Même malades, ils pratiquent plus souvent que les autres patients une activité physique, tout en s'efforçant d'avoir une hygiène de vie plus saine. C'est ce même état d'esprit orienté vers l'action autonome et la croyance en la possible prise en charge de leur destin qui les pousse à persévérer plutôt qu'à se décourager en cas d'échec d'un premier traitement par exemple, ou à rechercher en permanence de nouvelles approches thérapeutiques pour leur pathologie, en particulier s'ils ont le sentiment que leur médecin traitant ou leur spécialiste ne les suit pas au mieux des possibilités thérapeutiques existantes.

3. L'optimisme est un « réducteur d'impact » face aux épreuves de la vie.

L'optimiste s'entraîne en permanence, souvent sans le savoir, à cultiver des réactions positives d'adaptation dans toutes les circonstances de sa vie, en particulier celles touchant à la santé et à ses vicissitudes.

Les spécialistes parlent ici de la mise en place de stratégies de *coping*. Ce terme d'origine anglaise, qui signifie littéralement « s'en sortir », « tenir le coup », désigne l'ensemble des façons dont un individu va s'ajuster face à une situation difficile. Les recherches en la matière ont montré que les individus les plus optimistes se caractérisent par leur combativité et élaborent de ce fait davantage de stratégies de « *coping* actif », c'est-à-dire centrées sur le problème rencontré (recherche d'informations, plan d'action, affrontement direct de la situation, créativité, etc.). Les individus les plus pessimistes, en revanche sont plus enclins à pratiquer une sorte de « *coping* passif » plutôt centré sur leurs émotions (minimisation de la menace, réévaluation positive, auto-accusation, évitement, recherche de soutien émotionnel chez des tiers, etc.).

Deux chercheurs français, Isabelle Paulhan et Marc Bourgeois, ont étudié les réactions de nombreux patients à la veille d'interventions chirurgicales[1]. Les sujets optimistes, qui utilisent des stratégies de *coping* actives (recherche d'informations sur le déroulement de l'opération et sur ses conséquences, participation active au traitement pré-opératoire) sont nettement moins anxieux et surtout présentent moins de complications post-opératoires que les pessimistes utilisant des stratégies passives (attitude résignée, fatalisme, inhibition).

Un solide optimisme face à la maladie est donc lié à un sentiment de contrôle élevé sur ce qui va se passer et à un *coping* actif face aux événements rencontrés. L'individu optimiste est donc globalement plus apte :

– à réduire l'impact négatif sur sa santé des difficultés de toute nature rencontrées au fil de son existence (changements, ruptures, conflits, deuils, etc.) ;

– à affronter positivement la maladie ou la déprime lorsqu'elles apparaissent.

Certes, pessimistes et optimistes sont tous confrontés à leur lot commun d'épreuves et de changements. Mais les premiers y réagissent souvent passivement, là où les seconds s'attachent naturellement à rebondir, à lutter, à chercher en toutes circonstances des voies alternatives.

4. Les optimistes protègent leur santé *via* leurs contacts sociaux.

Enfin, la dernière raison qui fait que l'optimisme peut être globalement considéré comme un vecteur de bonne santé et de longévité, c'est que les optimistes sont, de par la

1. I. Paulhan et M. Bourgeois, *Stress et coping. Les stratégies d'ajustement à l'adversité*, PUF, 1998.

façon dont ils vivent avec les autres, davantage entourés et soutenus que les pessimistes par celles et ceux qui gravitent autour d'eux.

Disposer d'un large réseau de contacts sociaux est depuis déjà longtemps considéré comme une protection efficace, en particulier contre le stress et le vieillissement. « Après 60 ans, nous confirme le Dr Michel Lejoyeux, les facteurs protégeant de l'hypertension artérielle sont l'optimisme, la curiosité et l'ouverture aux autres[1]. »

Les liens entre amour, amitié et santé sont désormais acquis et continuent de faire l'objet de nombreuses recherches.

Rien d'étonnant si l'on admet, comme nous allons le voir maintenant, que l'optimiste – de par son attractivité naturelle – sera toujours moins sujet que les pessimistes à l'isolement social et à son cortège de déprimes en tous genres.

1. M. Lejoyeux, *Les Secrets de nos comportements*, *op. cit.*, p. 103.

5.
Pourquoi les optimistes ont-ils beaucoup d'ami(e)s ?

> Un optimiste, c'est l'incarnation humaine du printemps.
> Susan J. BISSONNETTE

> Un optimiste est un homme qui regarde vos yeux,
> un pessimiste un homme qui regarde vos pieds.
> G.K. CHESTERTON

> Le bonheur est un coup de dé,
> mais la bonne humeur est une discipline.
> Charles TRENET

On peut reprocher beaucoup de choses aux optimistes : d'être souvent légers et égoïstes, de refuser de regarder la réalité en face, d'être des rêveurs et des idéalistes, de s'entêter à contempler des verres à moitié pleins sans se demander pourquoi ils sont aussi à moitié vides, etc. Mais il est une chose sur laquelle tout le monde s'accorde : c'est que les optimistes sont, dans l'ensemble, des hommes et des femmes d'un commerce plutôt agréable et que l'on a plaisir à fréquenter. Ce n'est pas là le moindre des paradoxes. On critique les optimistes mais on recherche leur compagnie. On écoute attentivement les analyses tellement pertinentes des pessimistes, mais c'est l'optimiste que l'on invite en priorité pour un dîner entre amis, ou pour un tête-à-tête romantique.

L'optimiste attire, l'optimiste intéresse, l'optimiste séduit, l'optimiste illumine, l'optimiste donne envie. Reprenant une belle expression du philosophe Alain, nous dirons que le grand pouvoir de l'optimiste, c'est « qu'il nous fait penser au printemps ». Et il en est sans doute ainsi depuis toujours.

Le paradis, c'est les autres[1]

Nous sommes des animaux sociaux. En d'autres termes, nous n'existons que *par les autres*. Mieux encore, nous *sommes* les autres, produits complexes d'innombrables interactions positives et négatives, amicales et hostiles, harmonieuses ou dissonantes, etc., et ce depuis le premier jour de notre vie. Nous nous nourrissons depuis toujours de lien social, et c'est pourquoi notre mémoire est aussi constituée de cette part des autres qui continue de vivre en nous. Quant à notre histoire, c'est celle de nos liens, à la fois à travers ce que nous avons ressenti avec et pour les autres (nos émotions) et à travers ce que nous avons retenu des autres (nos apprentissages).

« L'enfer, c'est les autres », écrivait J.-P. Sartre. Mais pour les optimistes au contraire, les autres sont un véritable paradis. Car pour les optimistes authentiques, la seule « vraie vie », celle qui vaut vraiment la peine d'être vécue, se déploie essentiellement *du fait des autres*, dans ses joies et dans ses peines. D'ailleurs, si nous-mêmes repensons à ce que furent les plus grands moments de notre vie, ces tranches de vie intenses et inoubliables qui nous ont

1. Titre d'un livre écrit par une optimiste comme on n'en fait plus, Sœur Emmanuelle (J'ai Lu, 2004).

construits en tant qu'êtres humains, il nous apparaîtra sans doute que dans la plupart de ces moments-là, nous n'étions justement pas seuls !

Les autres représentent un peu de paradis du fait qu'ils en portent en eux une petite parcelle. Peut-être est-ce aussi pour cela que nous nous sentons davantage attirés par les optimistes. Sans doute aussi parce que l'optimisme – tout comme le pessimisme d'ailleurs – se révèle être un état d'esprit extrêmement contagieux. Dans une étude sur l'optimisme réalisée en Grande-Bretagne en 2009 à l'initiative du « Social Issues Research Centre[1] », 50 % des personnes interrogées affirmèrent en toute logique préférer dans tous les cas la compagnie des optimistes (3 % restant quand même davantage attirées par les pessimistes !). Et plus de 60 % reconnurent que les optimistes qui gravitaient autour d'elles les rendaient elles-mêmes plus optimistes. Cette même étude proposait d'ailleurs une intéressante distinction entre deux types de personnes, distinction établie sur le critère de l'énergie diffusée (ou au contraire absorbée) par les uns et les autres. Selon les experts du SIRC, nous pouvons donc être considérés – selon notre niveau d'optimisme-pessimisme – plutôt comme des « radiateurs » *(radiators)* ou plutôt comme des « drains » *(drains)*. L'optimiste *radiateur* diffuse de l'énergie et du lien social autour de lui, réchauffe les esprits et les cœurs, créant ainsi les conditions du rapprochement et de la proximité, qu'elle soit amicale ou amoureuse. Le pessimiste *drain*, quant à lui, distille des humeurs toxiques, évacue en permanence du négatif, et agit de telle sorte que l'on préfère se tenir à bonne distance.

1. SIRC, « Optimism », Oxford, février 2009, 22 p. Le document est téléchargeable sur www.sirc.org/publik/optimism.pdf.

Or comment l'optimisme crée-t-il cette dynamique d'attraction ? Pourquoi les optimistes nous semblent-ils plus agréables à fréquenter que les pessimistes ?

Au commencement était la bonne humeur

Charles Trenet, cité en exergue de ce chapitre, affirmait que la bonne humeur n'est rien moins qu'une *discipline* quotidienne, une façon délibérée de se comporter en société, une politesse que l'on doit aux autres, quel que soit par ailleurs notre état d'esprit du moment.

Mais la bonne humeur, en tant qu'expression émotionnelle de l'optimisme, constitue-t-elle plutôt un trait de personnalité (« on l'est ou on ne l'est pas ») ou une conduite délibérée que l'on décide sciemment d'adopter en présence de tiers ? La réalité se situe probablement quelque part entre les deux.

Nous n'entrerons pas ici dans l'étude de la dimension strictement physiologique de l'humeur, bien que son importance soit aujourd'hui reconnue. Difficile, par exemple, de demeurer durablement de bonne humeur dans le cadre de certains dérèglements hormonaux majeurs. Mais la chimie peut aujourd'hui heureusement pallier ces déséquilibres et recréer les conditions biochimiques d'une humeur apaisée.

Mais il est aussi vrai que la personnalité d'un individu peut le prédisposer à un état de bonne humeur, tout comme elle peut constituer le cadre chronique d'une humeur plus sombre. En psychologie, de nombreux travaux ont été menés à partir du modèle international dit des « Big Five » (littéralement « Les Cinq Grandes »), qui décrit les cinq dimensions de personnalité censées illustrer les traits les plus pertinents pour la compréhension du mode de fonctionnement d'un individu. Ce ne sont pas cinq catégories fermées, mais bien cinq échelles, cinq grands axes sur lesquels nous pouvons nous situer et situer les autres afin d'avoir de leur personnalité une représentation globale.

Ces cinq dimensions sont :

– l'*ouverture à l'expérience (openness to experience)*, qui décrit l'intérêt naturellement porté à ce qui est nouveau et à la variété, par opposition à ce qui est connu et habituel ;

– le caractère plus ou moins *consciencieux (conscientiousness),* qui oppose la fiabilité et la persévérance d'une part à la distraction et à la désorganisation d'autre part ;

– l'*extraversion (extraversion),* caractéristique des personnes plutôt sociables, assurées et enthousiastes, par opposition à l'introversion que manifestent les personnes plus effacées, formelles et préférant rester seules ;

– la propension à être *agréable (agreeableness)* avec les autres, à savoir plutôt chaleureux, confiant et aimable, par opposition à une attitude plutôt froide et désagréable, voire hostile ;

– la plus ou moins grande *stabilité émotionnelle (emotional stability),* marque essentielle de la résistance aux frustrations et au stress, et qui oppose selon les personnes un sentiment dominant de calme, de confiance et de sécurité à un sentiment de nervosité, d'inquiétude et d'insécurité pouvant déboucher sur une humeur dépressive chronique.

Selon ce modèle, les optimistes se retrouvent donc en majorité chez les individus manifestant à la fois :

– une ouverture importante aux expériences et au monde,

– une dimension d'extraversion, tournée vers la relation avec les autres,

– un caractère agréable,

– une stabilité émotionnelle conduisant à éprouver facilement des émotions positives comme la joie, l'enthousiasme, l'euphorie, la confiance, etc.

La configuration de ces caractéristiques crée pour l'optimiste un terrain particulièrement favorable à l'émergence et à l'expression de la bonne humeur et de ses effets collatéraux.

Dans leur ouvrage sur la force des émotions[1], François Lelord et Christophe André nous rappellent en effet que la bonne humeur, cette « marque de fabrique » des plus optimistes d'entre nous :

– nous pousse à davantage rendre service, à multiplier les « coups de main » aux autres, car elle est un état d'esprit qui nourrit la créativité, la coopération et la recherche de solutions ;

– nous permet de mieux décider car la bonne humeur permet d'analyser plus méthodiquement et sereinement les problèmes rencontrés ;

– nous rend plus audacieux, car l'individu de bonne humeur se sent davantage prêt à assumer une dose raisonnable de risque ;

– pousse les autres à prendre des risques avec nous et pour nous, F. Lelord et C. André concluant même leur propos par ce précepte de grand bon sens : « Si vous voulez augmenter vos chances de vous voir confier un travail intéressant, ayez toujours l'air gai ! »

Rencontre avec un optimiste

Si les optimistes attirent et séduisent, c'est aussi parce que le fait de parler avec eux, d'échanger avec eux, de discuter avec eux ou de rêver avec eux permet à leurs interlocuteurs de vivre des expériences plutôt positives, à la fois agréables, enthousiasmantes et porteuses d'énergie.

1. F. Lelord et C. André, *La Force des émotions*, Paris, Odile Jacob, 2001, p. 121-125.

1. Les optimistes sont des interlocuteurs agréables, qui diffusent autour d'eux davantage de sensations positives que les autres personnes.

Pour comprendre l'attrait naturel produit par les optimistes, il suffit d'imaginer le type de sensations accompagnant l'interaction avec eux. Un moment passé avec un optimiste branché en « mode actif » se caractérise par un ensemble d'échanges, à la fois intellectuels et émotionnels, producteurs de sensations agréables. Parce qu'il s'intéresse à nous en évoquant plus volontiers nos points forts, parce qu'il se focalise en priorité sur les bonnes nouvelles et sur ce qui va bien, parce qu'il incarne l'espoir qu'il est toujours possible de dépasser les difficultés du moment, l'optimiste nous nourrit de son propre dynamisme, de son propre enthousiasme. Très souvent, un échange avec un optimiste nous aura à la fois rappelé nos qualités et nos ressources et aura aussi renforcé la croyance en nos propres possibilités d'action.

2. Les optimistes nous donnent envie d'agir pour changer.

L'optimiste est ouvert sur l'action, et en particulier sur l'action à venir, celle qui n'a pas encore eu lieu et pourrait pourtant faire bouger tant de choses.

Confronté à l'idée d'une modification créative, d'une amélioration quelconque, d'une façon différente mais positive d'envisager la marche du monde, l'optimiste est d'emblée partant pour l'aventure. Il est ce qu'on appelle familièrement un « bon client », prêt à s'enthousiasmer pour un projet, une entreprise, une création ou une tentative sortant des sentiers battus. L'échange d'idées avec un optimiste est par définition *dynamisant* et *énergisant*, en ce qu'il nourrit notre envie personnelle de faire avancer les choses. L'ami optimiste ouvre en effet plus fréquemment que d'autres notre

« conscience des possibles », entretenant l'idée (inspirée du titre d'un film français récent) que demain est assurément « le premier jour du reste de notre vie[1] ».

3. Les optimistes nous font regarder nos problèmes de façon plus constructive.

L'optimisme est une attitude qui, utilisée à bon escient, aide les autres à affronter les problèmes en focalisant leur attention sur leurs ressources ainsi que sur l'existence de solutions alternatives. Le « style explicatif » incarné par l'optimiste pousse ceux qu'il rencontre à voir leurs difficultés comme des événements temporaires, concentrés sur un domaine particulier et dont ils ne sauraient être à 100 % responsables. En revanche, il tend à leur faire analyser leurs réussites passées comme des expériences dont ils sont les premiers responsables, qui ont toutes les raisons de se reproduire un jour, et ce dans de multiples domaines !

Face à un problème soulevé par un ami ou un proche, le pessimiste est souvent celui qui va juger, en appeler au réalisme et à la lucidité et recommander l'acceptation de la vie « comme elle est ». Face à ce même ami, l'optimiste suspendra souvent son jugement, surtout moral, et veillera à demeurer celui qui positive le regard et entreprend de montrer derrière quel bosquet et sous quelles frondaisons de nouveaux sentiers sont susceptibles de démarrer, en direction de futurs plus radieux.

L'optimisme bien tempéré

Mais s'il est un dernier talent propre aux très grands optimistes, et qui fait que leurs proches et leurs amis les apprécient d'autant plus, c'est leur capacité à doser, à

1. *Le Premier Jour du reste de ta vie* (2008), film de Rémi Bezançon, avec Jacques Gamblin et Zabou Breitman.

maîtriser l'expression de leur optimisme naturel, du moins dans certaines circonstances ou face à certains interlocuteurs. Car si l'optimisme représente un état d'esprit puissant, propre à créer l'enthousiasme, à réveiller les désirs et à ouvrir le cœur aux opportunités, il peut arriver que son expression soit ponctuellement inadaptée ou déplacée.

L'optimisme sera par exemple une stratégie de communication idéale – et que l'on peut utiliser sans modération – dès lors que la réussite de notre interlocuteur dépend essentiellement de l'enthousiasme qu'il mettra dans son action et que les risques encourus seront minimes ou aisément maîtrisables. L'optimisme représentera aussi la stratégie relationnelle la plus adaptée face à quelqu'un de morose, de temporairement abattu par une épreuve, mais qui s'attend à ce qu'on lui remonte le moral, à ce qu'on lui fasse voir la vie sous un angle plus positif. On se devra de même d'adopter une stratégie optimiste – ouverte sur les possibilités d'amélioration et de changement – chaque fois que notre interlocuteur sera confronté à un problème ou à un blocage durable qui pourrait à terme avoir un impact sur sa santé, son équilibre psychologique, ses relations sociales ou ses finances. Enfin, la posture optimiste la plus radicale devra toujours être celle adoptée par un leader ou un chef d'équipe cherchant à créer la confiance d'un groupe ou à mobiliser ses énergies.

Mais, dans d'autres circonstances, un optimisme excessif peut avoir un effet inverse de celui escompté, contribuant au contraire à décourager encore plus l'interlocuteur, voire à créer chez lui un réel agacement et un sentiment d'inconfort psychologique majeur. C'est en particulier le cas lorsqu'il faut aider quelqu'un à préparer son avenir dans une perspective incertaine ou hasardeuse, ou quand le prix de l'échec serait très élevé (ruine, divorce, mort). En fait, il est toujours délicat de conseiller une personne dont les perspectives s'annoncent *a priori* difficiles et sombres (rupture imminente, maladie grave, perte d'un être cher). L'écoute de la détresse se déploie de préférence dans une neutralité bienveillante et dans l'empathie. Elle peut aussi passer par l'exploration – dès lors que la personne concernée semble être prête – des différentes alternatives possibles ainsi que des différentes façons d'y faire face.

Il est de nombreuses situations où un optimisme affiché, même sincère, ne pourra que heurter plus encore la personne blessée par la vie, lui donnant essentiellement le sentiment de n'être pas comprise, encore moins reconnue. Dans ce cas, la priorité doit être de recréer avec elle une relation de confiance, l'optimisme n'arrivant que dans un second temps comme une sorte d'onguent psychologique destiné à accélérer la cicatrisation de la blessure tout juste refermée.

Cette capacité de l'optimiste à créer à la fois du lien social et de l'énergie relationnelle peut trouver à s'exercer dans de nombreux domaines. Parmi eux, la vie professionnelle tient de nos jours une place importante ; et s'il est un monde dans lequel l'optimisme et les optimistes peuvent encore faire la différence, c'est bien celui du travail.

6. Pourquoi les entreprises aiment-elles les optimistes ?

L'optimisme est une forme de courage
qui donne confiance aux autres et mène au succès.
BADEN-POWELL

Choisissez un travail que vous aimez
et vous n'aurez pas à travailler un seul jour de votre vie.
CONFUCIUS

Rien n'est plus contagieux que l'enthousiasme.
Samuel Taylor COLERIDGE

« Le travail, c'est la santé, chantait Henri Salvador, ajoutant immédiatement : Rien faire, c'est la conserver. » L'idée n'a rien de surprenant si l'on se souvient que le mot « travail » nous vient en droite ligne du *tripalium*, instrument de torture fort en vogue dans les geôles antiques et médiévales. Quoi qu'il en soit, le travail continue à occuper dans notre vie une place importante. On peut même parler à son sujet d'une position à la fois centrale et paradoxale, le manque de travail (ou plutôt d'emplois) étant au cœur de la crise sociale contemporaine, à l'heure où la « valeur-travail » est considérée par certains comme menacée, à la fois en tant que finalité et en tant que moyen.

Le monde du travail – à travers son incarnation moderne qu'est l'*entreprise* (qu'on la nomme organisation, bureau, usine ou magasin) – perdrait donc peu à peu du terrain dans la compétition des valeurs sociales positives de notre temps, du moins dans nos pays occidentaux riches. Il en va sans doute différemment dans des pays émergents tels que la Chine, le Brésil ou l'Inde, contrées où le travail conserve encore sa dimension sacrée, car prometteuse d'ascension sociale, promesse fortement remise en question chez nous. D'ailleurs, la production intellectuelle et journalistique sur le thème de la vie en entreprise n'en finit pas de nous proposer divers éclairages toujours plus alarmants (et souvent fondés, hélas), qu'il s'agisse de stress, de *burn-out*, de souffrance au travail, de risques psycho-sociaux, de harcèlement, de discrimination, etc. Tout ceci laisse effectivement peu de place à l'optimisme, en tout cas dans l'univers protéiforme, pesant et souvent déshumanisé de l'entreprise moderne.

Mais nous savons maintenant que l'optimisme peut aussi être une force puissante, et qu'il sait résister aux environnements les plus hostiles ainsi qu'aux remises en question les plus critiques. Ainsi, à côté des réalités de l'entreprise aliénante – qu'il convient de dénoncer – existe une série d'alternatives incarnées par d'autres types d'organisations. Car le monde du travail – il est parfois nécessaire de le rappeler – peut aussi être un univers positif, dans lequel les gens prennent plaisir à agir, à s'accomplir, à apprendre et à partager.

Parmi les multiples stratégies dont disposent des organisations pour faire évoluer leurs modes de fonctionnement, en particulier à l'intérieur de leurs propres murs, la « piste optimiste » semble digne d'être explorée plus avant. En fait, l'optimisme présente pour les entreprises trois avantages majeurs :

– il constitue un critère de choix pertinent en matière de recrutement de personnel,

– il est à la base de la construction collective d'une attitude positive au travail,

– il est un outil de management puissant au service d'un *leadership* positif et durable.

Les optimistes, une ressource pour l'entreprise

L'optimisme représente souvent un critère essentiel d'appréciation, en particulier lorsqu'on recrute un nouveau collaborateur. Certes, les pessimistes ont toujours leur chance, toute entreprise comprenant aussi des postes exigeant de ceux qui les occupent un sens aigu des réalités, voire un haut niveau de prudence et d'évitement du risque. On pense en particulier à des métiers concernant la sécurité des personnes, l'estimation des coûts, la gestion de fonds importants, le contrôle sous toutes ses formes, le respect des procédures et des normes techniques, etc. Dans ce genre de fonction, un pessimisme modéré peut même représenter une réelle ressource et un optimisme excessif, un danger patent !

En revanche, dès lors que la mission qui lui est confiée exige persévérance, prise d'initiatives, esprit d'innovation et créativité, l'optimisme réapparaît dans le peloton de tête des critères de choix d'un collaborateur. Il en sera de même si le travail demandé tend à créer des tensions psychologiques (que ce soit avec soi-même ou avec les autres), c'est-à-dire s'il comprend une dose non négligeable d'échecs ou de vexations. Confrontés à des situations de ce genre, les plus optimistes sauront, mieux que d'autres, trouver le mode d'explication positif qui leur permettra de résister aux frustrations et de trouver des voies permettant de rebondir.

Dans le cadre de sa politique de recrutement, l'entreprise peut donc utiliser l'optimisme comme un critère pertinent de sélection de nouveaux collaborateurs.

C'est en particulier le cas pour les vendeurs. M. Seligman raconte en détail la recherche-action qu'il a menée dans les années quatre-vingt auprès de la compagnie d'assurances Metropolitan Life[1], afin d'améliorer – *via* le seul critère de l'*optimisme* – l'efficacité globale de sa force commerciale. Avant de participer à cette étude, l'entreprise était en effet confrontée à une déperdition importante de ses forces vives commerciales, embauchant chaque année environ 5 000 vendeurs (sur 60 000 candidatures), lesquels n'étaient plus que 50 % au bout d'un an et 20 % au bout de quatre ans. Ce *turnover* s'expliquait tout autant par le manque de résultat de certains (ayant conduit l'entreprise à s'en séparer) que par l'épuisement psychologique des autres, phénomène bien connu des professionnels de la vente aux particuliers. Mais les investigations menées sur le terrain permirent de mettre en évidence le fait que les vendeurs ayant manifesté le plus fort taux d'optimisme au test d'attitude proposé par Seligman n'obéissaient pas du tout à cette règle générale. Les vendeurs identifiés comme les plus optimistes vendaient en effet presque 40 % de plus que les autres en moyenne et étaient sujets à un *turnover* deux fois moindre. Et aux deux extrémités du panel, les vendeurs les plus optimistes vendaient au final 88 % de plus que les plus pessimistes !

Mais Seligman alla encore plus loin et parvint à convaincre la Metropolitan Life d'embaucher une centaine des vendeurs initialement « disqualifiés ». Ces derniers

1. M. Seligman, *La Force de l'optimisme*, *op. cit*, p. 81-96.

avaient tous été recalés à la suite de la procédure de sélection. Mais tous présentaient aussi un taux d'optimisme particulièrement élevé, ce qui selon Seligman justifiait ce repêchage de la deuxième chance. Ces nouveaux collaborateurs, qui furent regroupés au sein d'une « force spéciale » (par opposition à la « force ordinaire » des vendeurs sélectionnés selon le processus normal), avaient donc tous obtenu des scores médiocres au test de compétence générale de la profession. Et la faiblesse de leurs profils faisait qu'ils auraient sans doute été tous refusés par la quasi-totalité des autres compagnies du marché.

Pourtant, contre toute attente, ces vendeurs techniquement très moyens *mais dotés d'un optimisme élevé* se révélèrent particulièrement performants en termes de résultats à moyen terme. En matière de chiffres de vente, les commerciaux de la « force spéciale » dépassèrent dès la 1re année de 21 % les résultats des pessimistes de la « force ordinaire » et de 57 % la deuxième année. Mieux encore, ils firent 27 % de mieux que la moyenne des autres vendeurs sur toute la période, égalant puis surpassant les optimistes de la « force ordinaire » ! « L'optimisme a ceci d'important, écrit Seligman, qu'il favorise la persévérance. Celle-ci devait dans un premier temps [...] être éclipsée par le talent et la motivation du vendeur, alors qu'à long terme, elle se convertirait logiquement en facteur décisif de réussite. » Les études confirmèrent cette hypothèse.

L'attitude positive au travail, comment ça marche ?

Mais si l'optimisme – en tant qu'état d'esprit collectif – peut-être considéré comme une ressource pour l'entreprise, cette ressource est-elle pour autant développable ? Oui, nous disent les spécialistes. Tel est d'ailleurs l'un des buts des politiques visant à développer une authentique « attitude positive au travail ».

C'est dans les périodes difficiles et conflictuelles que l'on prend plaisir à redécouvrir les vertus d'un climat de travail positif. Dans toute entreprise, c'est en effet le « climat » – c'est-à-dire l'atmosphère prédominante ressentie par les employés – qui crée le terrain culturel sur lequel vont prospérer négativité et tension ou au contraire attitude positive et énergie d'action.

Une attitude positive au travail « fabrique » de l'optimisme individuel et collectif car elle accroît naturellement le niveau d'engagement et d'implication investi par les employés dans leur tâche. Ce faisant, elle entraîne et maintient la motivation et la performance des équipes à travers une satisfaction accrue. Elle favorise de même l'apparition de comportements solidaires et crée enfin les conditions pour que prospère un esprit d'innovation et d'ouverture.

« Il n'y a pas d'amour, mais uniquement des preuves d'amour. » Cette phrase de Jean Cocteau s'applique parfaitement à l'attitude positive au travail, qui n'existe elle aussi que par ses manifestations. Sur le terrain, dans la réalité de la vie des entreprises, elle se manifeste par un comportement collectif (employés, cadres, dirigeants) composé à la fois d'ouverture, de participation active et d'esprit constructif. Si l'attitude positive au travail se nourrit d'optimisme autant qu'elle l'entretient, c'est qu'elle finit par générer un climat mêlant naturellement :

– une grande clarté sur les buts poursuivis et les règles à suivre,

– un appui des acteurs entre eux, que ce soit dans l'action quotidienne ou en cas de problème,

– une atmosphère de défis à relever, nourrie par des marques de confiance réciproques des personnes entre elles.

Néanmoins, malgré tous ces avantages, la fin de la négativité au travail ne saurait être décrétée si facilement ! L'attitude négative, en effet, se nourrit bel et bien de réalités toxiques diverses, qu'elles soient organisationnelles, managériales ou relationnelles. Toute organisation humaine est par définition imparfaite et peut présenter, dans telle ou telle de ses dimensions, des dysfonctionnements majeurs. Mais la façon dont ces imperfections et problèmes sont vécus (et surmontés) reste de la responsabilité individuelle des hommes et des femmes qui travaillent au sein de cette même organisation.

L'attitude négative au travail est en fait une sorte de cocktail « létal », car potentiellement tueur de motivation et d'enthousiasme. Ses ingrédients clés – souvent nourris par l'organisation elle-même – sont toujours les mêmes : pessimisme, défiance, jalousie, critique systématique et rumination. Et leur mélange conduit assez rapidement à l'instauration d'un sentiment collectif d'impuissance et de découragement.

Car même fondée sur des faiblesses réelles du système, une attitude négative au travail nuit toujours profondément à ceux qui en sont porteurs ainsi qu'à celles et ceux qui les entourent. En effet, elle entretient un esprit délétère orienté sur la seule dénonciation des faiblesses, légitimée et nourrie par l'illusion utopique de la possibilité d'un monde parfait.

L'attitude positive au travail, en revanche, ne fait pas l'impasse sur les difficultés : mais elle les regarde différemment, de façon sereine et surtout constructive.

Elle est aussi un phénomène fonctionnant selon les lois de la gravitation – c'est-à-dire en cascade – du sommet de l'entreprise jusqu'aux niveaux d'exécution les plus modestes. Inutile donc d'espérer une attitude positive durable de la part de collaborateurs qui n'observent pas l'équivalent dans le comportement de leurs propres managers et dirigeants.

L'attitude positive au travail enfin est un phénomène diffus et contagieux, qui infiltre l'ensemble des dimensions de la vie de l'entreprise. Qu'il s'agisse de la relation entre les collaborateurs d'une même organisation, des modes de fonctionnement hiérarchiques ou de la façon de traiter les clients et les fournisseurs, l'attitude positive ne saurait être cloisonnée. Elle est partie intégrante de la culture de l'entreprise et de ses modes de fonctionnement, ou n'est pas.

Afin de faire vivre l'attitude positive au travail, l'entreprise doit donc compter en priorité sur celles et ceux qui la dirigent et l'animent. Parmi eux, une population occupe aujourd'hui une place éminemment stratégique : les managers de proximité.

Entreprises cherchent managers optimistes pour direction de crise !

Si l'optimisme, nous l'avons vu, est parfois un critère de recrutement essentiel, il ne saurait être considéré comme une attitude obligatoire que l'on puisse exiger de la totalité des employés de l'entreprise. Tous les collaborateurs d'une même organisation ne sont pas obligatoirement optimistes et il arrive même que certains grands optimistes – à la longue – finissent par se fatiguer et se décourager (même si ce n'est, heureusement, que temporaire).

Donc, si l'optimisme représente pour l'entreprise un vrai capital d'enthousiasme, de motivation et d'énergie, il s'agit aussi d'un capital à protéger afin de le faire fructifier. Ce qu'une entreprise recherche en matière de management, ce sont non seulement des hommes et des femmes optimistes par tempérament, mais surtout des hommes et des femmes capables d'instaurer un mode de direction de leurs équipes orienté sur une dynamique optimiste. Le savoir-être rejoint ici le savoir-faire, à travers la mise en application de principes de management générateurs d'énergie et d'enthousiasme.

La situation économique et sociale des années récentes génère de l'anxiété dans la vie professionnelle d'un grand nombre de personnes. Accélération du monde et changements divers, perte des repères anciens et de la visibilité sur le futur, crainte de l'obsolescence des compétences et de la disqualification professionnelle, peur de l'imprévisible sous toutes ses formes, tels sont les ingrédients du doute et de la perte de confiance en soi et en la société, terrain d'élection du pessimisme collectif.

Face à cela, insérés dans une organisation qui exige d'eux toujours plus de performance, qu'attendent de leur encadrement les collaborateurs d'une entreprise ? Sans doute trois choses assez simples en fait, mais dont le point commun sera toujours de nourrir la dynamique optimiste, que ce soit celle des individus ou des équipes.

1. En période d'incertitude, la première attente des collaborateurs concerne *a priori* l'apport régulier par leur manager de *preuves de sens*, à savoir une émulsion subtile mêlant le rappel de la direction à suivre (objectif, but, ligne de mire), l'utilité de ce qui leur est demandé (contribution) et la place occupée par eux, en tant que personnes, dans ce processus (reconnaissance).

2. La deuxième attente est aussi celle de *marques de réassurance*, que ces dernières portent sur la compétence du manager lui-même ou sur la confiance qu'il ou elle met en sa propre action et celle de ses équipes ainsi qu'en leur capacité à affronter les défis du moment.

3. La troisième attente enfin, est celle d'un climat de travail réellement adapté aux périodes difficiles, climat que l'on pourrait qualifier d'*optimisme convivial et tonique.* Face aux tensions nées des objectifs exigeants et d'une conjoncture souvent marquée par la raréfaction des moyens et des ressources (financières, matérielles, humaines, etc.), l'atmosphère de travail entretenue par le manager doit en effet permettre à son équipe d'affronter les difficultés sans risquer le doute ou le désespoir.

À quoi reconnaît-on un manager optimiste ? Tout d'abord au fait que c'est… un manager comme les autres, c'est-à-dire un responsable qui tente d'atteindre des buts et de produire des résultats à travers la mobilisation d'autres personnes. Le manager optimiste, comme tout manager, doit donc faire réussir une équipe, c'est-à-dire aider ses membres à atteindre les objectifs fixés, rendre ses collaborateurs plus autonomes quant à leur performance et leur permettre, à terme, d'évoluer professionnellement.

Ce n'est donc pas sur la finalité de son action que le manager optimiste va faire la différence mais sur ses principes et méthodes d'action. On peut globalement reconnaître un manager optimiste à travers quatre attitudes fondamentales qui structurent au quotidien sa relation avec les membres de son équipe :

1. Le manager optimiste concentre l'essentiel de son action sur les « points forts », c'est-à-dire sur les qualités des personnes ainsi que sur leur potentiel.

Pour un manager positif, ses collaborateurs disposent de deux types de ressources d'action : des *points forts* à cultiver et à renforcer, et éventuellement des *points d'effort*, sur lesquels existe une marge de manœuvre et où il est possible de s'améliorer et de progresser. Concernant les *points faibles*, à savoir les gros défauts, les carences structurelles, etc., ils sont une réalité objective mais ne peuvent être utilisés durablement pour produire une performance, qu'elle soit technique, commerciale, industrielle, financière, sociale ou autre. On ne peut donc que les ignorer, « faire avec », voire les neutraliser en les compensant, par exemple, à travers un développement extrême de certains autres points forts.

2. Le manager optimiste privilégie les solutions partielles efficaces.

Le manager pessimiste aime à se nourrir de l'analyse méticuleuse des causes des échecs et des raisons de la défaite. Ce faisant, il produit presque toujours à terme de la rancœur et des regrets, débouchant immanquablement sur la justification et la recherche de coupables. Le manager pessimiste apprécie aussi de mettre à l'épreuve le perfectionnisme qui l'habite, à travers la recherche – souvent vaine – de solutions idéales, en tout point parfaites, et qui régleraient en une seule fois la totalité des problèmes.

Le manager optimiste, quant à lui, voit les choses différemment. Savoir « pourquoi » on en est arrivé là, surtout en cas de difficulté majeure, est certes intéressant ; mais la recherche des causes – surtout dans le cadre de situations complexes – constitue souvent une perte de temps. Confronté au « pourquoi » du pessimiste, le manager optimiste privilégie toujours dans un premier temps le « comment faire pour », c'est-à-dire la recherche immédiate de voies alternatives ou d'opportunités nouvelles nées de la difficulté rencontrée. Le manager optimiste n'a pas besoin de connaître l'origine ou le responsable de l'obstacle dressé devant lui et son équipe pour commencer à explorer des chemins destinés à le contourner.

3. Le manager optimiste traque les « petites victoires ».

Chacun aime à être félicité *après* avoir gagné. Mais chaque jour étant un nouveau jour, ce n'est pas parce que l'on est félicité aujourd'hui que l'on sera davantage motivé demain, ni que l'on gagnera à coup sûr. En revanche, c'est bien le fait d'être encouragé *pendant* qu'on est en train de faire un effort, d'apporter notre pierre au défi collectif, qui contribue à entretenir notre confiance en nous-mêmes, notre désir de poursuivre l'effort et notre optimisme quant à la réussite à venir.

Le manager optimiste garde certes l'œil rivé sur la ligne de mire de l'objectif à atteindre. Mais pour autant, il ne perd jamais une occasion de célébrer formellement avec ses troupes une victoire d'étape, un match remporté, un obstacle franchi avec brio, un effort qui a payé, une avancée technique ou un nouveau client. Bref, le manager optimiste aime prendre ses collaborateurs en « flagrant délit de réussite », aussi modeste soit-elle. C'est d'ailleurs dans ces occasions que le manager peut entraîner ses troupes à la pratique du « style explicatif optimiste », en analysant avec eux en quoi ce succès est dû à leur action propre, en quoi il illustre des compétences durables de l'équipe et en quoi il a vocation à se reproduire dès que possible.

4. Le manager optimiste pousse à la persévérance et à la prise de risque.

« Le succès, disait Winston Churchill, c'est d'aller d'échec en échec sans perdre son enthousiasme. » Si les managers pessimistes anticipent et redoutent systématiquement l'échec, que ce soit pour eux ou leur équipe, les optimistes savent quant à eux que l'échec – aussi désagréable soit-il – fait partie de la vie des organisations et qu'il n'est, à ce titre, qu'un ingrédient du succès comme les autres. Peut-être un peu plus amer, et encore. Être préparé à l'échec, pour un manager optimiste, c'est à la fois savoir ce que l'on fera si les choses tournent mal et se donner par avance le droit de réessayer, de tenter à nouveau.

Car si l'optimisme est un facteur de réussite si puissant, c'est essentiellement parce qu'il crée les conditions psychologiques et relationnelles de la persévérance. Un manager optimiste est donc, dans tous les cas de figures, un manager qui accorde le droit à l'erreur, dès lors que cette erreur peut être analysée et représenter une source d'apprentissage. Un manager optimiste est aussi celui ou celle qui donne à son collaborateur la permission d'innover, de faire bouger les lignes.

Un manager optimiste est celui dont on peut dire : « Il m'a donné envie d'essayer, m'a autorisé à ne pas réussir tout de suite, et m'a poussé à recommencer jusqu'à ce que je gagne la partie ! »

Et peut-être aussi est-ce pour cela, finalement, que nombre de managers optimistes semblent tellement « porter chance » à celles et à ceux qui travaillent avec eux !

7. Pourquoi les optimistes ont-ils plus de chance que les autres ?

La chance reste la seule façon d'expliquer
la réussite de ceux qui nous sont antipathiques.
André ROUSSIN

Elle est en retard… donc c'est qu'elle viendra !
Sacha GUITRY

Personne ne naît sous une mauvaise étoile ;
il n'y a que des gens qui ne savent pas lire le ciel.
DALAÏ-LAMA

Parmi les multiples raisons qui font de l'optimisme une attitude globalement bénéfique – et qui nous rend la vie plus agréable – il en est de plus évidentes que d'autres. Qu'il s'agisse de notre santé, de nos relations avec les autres ou de notre vie au travail, nous avons vu que les recherches scientifiques apportent tous les jours de l'eau au moulin du bon sens pour nous conforter quant aux bienfaits d'une attitude positive face à nous-mêmes, aux autres et à l'avenir.

Mais plus globalement, les optimistes semblent présenter une autre caractéristique, celle d'être – en apparence –

davantage favorisés par les événements, en d'autres termes celle d'avoir davantage de chance que la moyenne des gens ! L'idée semblera saugrenue aux esprits les plus cartésiens, cependant plusieurs recherches récentes en psychologie conduisent à porter sur ce phénomène un regard renouvelé, à la fois rationnel et pragmatique.

Certes, évoquer le « facteur chance » comme clé de la réussite, du bonheur ou de l'accomplissement de soi ne saurait manquer de bousculer un peu notre confort intellectuel. Le recours à la chance comme facteur d'explication de l'atteinte des objectifs de sa vie n'est d'ailleurs pas dénué d'une certaine ambiguïté. La première raison en est que la « chance » est considérée par certains comme inconstante, fragile, volage. Est-il vraiment raisonnable de compter sur la stabilité et le retour régulier d'éléments fortuits, aussi bénéfiques soient-ils ? La deuxième raison est que la « chance » pose aussi un problème de légitimité. Ainsi, ce qui a été obtenu par chance est-il vraiment mérité ? Les réussites obtenues par le travail, l'effort et la persévérance n'ont-elles pas une valeur supérieure à celles décrochées par opportunité, par hasard, du fait d'un concours de circonstances imprévu, bref… par chance ?

« J'ai de la chance » ou « j'aide la chance[1] » ?

Mais dans le fond, c'est quoi la chance ? On peut la définir de façon neutre et générale, dictionnaire en main, comme une *part d'imprévu favorable liée aux événements*. Mais à l'échelle individuelle, du point de vue de la « personne chanceuse », la chance ne saurait se limiter à un simple hasard heureux. À quoi reconnaît-on qu'on a eu de

1. Jean Duforest, chef d'entreprise humaniste, m'a livré un jour cette distinction éclairante.

la chance ? Nous employons cette expression lorsque advient *un événement (en apparence fortuit) qui va influencer favorablement le cours de notre vie, mais suivant des conditions qui ne nous sont pas connues et qui semblent échapper à notre contrôle.*

D'où viennent ces événements bénéfiques inattendus ? Pourquoi les coups de chance n'adviennent-ils qu'à certains quand d'autres collectionnent revers et mauvaise fortune ? Destin et bonne étoile, vous diront les uns. Qualité innée ou trait de caractère, affirmeront les autres. Simple probabilité statistique ou hasard absolu, trancheront les esprits les plus forts. Illusion d'attribution et justification *a posteriori,* concluront les plus sceptiques. Autant de façons possibles de regarder et de tenter d'interpréter cette fascinante catégorie de l'expérience humaine que l'on appelle la chance.

Certes, toutes les formes de « chances » ne se ressemblent pas. Il est des chances isolées, qui ne se présentent qu'une fois et qui, si on ne les saisit pas à temps, ne se reproduiront plus. Mais il est des chances récurrentes, des chances durables, qui font que ceux qui en bénéficient voient régulièrement des choses positives advenir dans leur vie. De même, si certaines chances semblent totalement fortuites, fruit du hasard absolu et de concours de circonstances totalement aléatoires, d'autres au contraire, sans être délibérément et consciemment « provoquées » par la personne chanceuse, n'en restent pas moins le fruit de modes de pensée, d'attitudes ou de comportements particuliers.

Cette idée selon laquelle la chance à répétition serait liée à la mise en œuvre de conduites particulières a fait l'objet d'études scientifiques passionnantes. L'une des plus originales et éclairantes est celle du Dr Richard Wiseman, professeur de psychologie et directeur du « Laboratoire de la chance » (Luck-Lab) à l'université de Hertfordshire (GB), auteur d'un ouvrage de référence sur le sujet[1].

Les conclusions de Wiseman, fondées sur de nombreuses observations de terrain, sont que les personnes réellement chanceuses se distinguent des autres par quatre attitudes.

1. Les chanceux identifient en permanence des occasions fortuites et savent en tirer avantage. Pour cela, ils créent et entretiennent de façon détendue des contacts avec beaucoup d'autres personnes, et ont surtout une attitude globale d'ouverture d'esprit face à la vie. Ils sont en effet convaincus que l'existence est pleine d'expériences nouvelles qui ne demandent qu'à être tentées et surtout qui méritent de l'être.

2. Les chanceux sont en permanence branchés sur leur intuition, sur leur petite « voix intérieure », parfois optimiste parfois pessimiste, et surtout s'entraînent à la développer en toutes circonstances.

3. Les chanceux s'attendent de même à rencontrer des occasions positives qui vont leur permettre de réaliser ce qu'ils désirent. Richard Wiseman confirme ici la puissance de ce mécanisme d'« anticipation positive » propre aux optimistes. C'est en effet cet optimisme qui permet aux « grands chanceux » de se projeter à l'avance dans des interactions positives *(je vais sûrement rencontrer des gens géniaux)*, d'imaginer que les occasions vont continuer à se présenter *(ma chance va se poursuivre)* et surtout que la réussite sera au bout du chemin en dépit des circonstances *(je trouverai toujours un moyen de progresser vers mon but, même si je rencontre des obstacles)*.

4. Enfin, les chanceux semblent avoir, du fait de l'optimisme qui les habite, une capacité supérieure à rebondir

1. R. Wiseman, *Notre capital chance*, Paris, JC Lattès, 2003.

face à la malchance (dont ils voient d'ailleurs toujours le bon côté). Même en cas d'échec, le chanceux continue à chercher des pistes et surtout à prendre des décisions qui lui permettent de déboucher sur des solutions constructives. On retrouve d'ailleurs chez les grands chanceux cette autre caractéristique propre aux grands optimistes : le refus de s'autopolluer et de ruminer en revenant en permanence sur les points de faiblesse, sur ce qui n'a pas été réalisé, sur ce qui a échoué.

L'optimisme semble donc bien au cœur de cette expérience humaine étonnante que l'on appelle la chance, même si d'autres auteurs, comme Max Gunther[1] par exemple, rappellent qu'une certaine dose de « pessimisme défensif » est aussi nécessaire pour conserver durablement son capital de chance. Mais pour tous ces spécialistes, une réalité demeure, à savoir que la chance a davantage à voir avec *ce que l'on fait* plutôt qu'avec *ce que l'on est*, et donc que chacun porte en lui-même sa part de responsabilité dans la chance (ou la malchance) qu'il rencontre. Enfin, dès lors que les notions de hasard, d'aléatoire et de fortuit ont été remisées au magasin des accessoires, c'est désormais à la notion d'*opportunité* que renvoie le processus de la chance.

L'optimiste en quête d'opportunités

Cette notion essentielle se situe en effet au centre, non seulement de nos activités sociales mais au cœur même de toute notre existence. Notre propre vie – professionnelle, familiale, amicale, amoureuse, intérieure – n'est en fait que le produit raffiné de la succession des opportunités que nous

1. Max Gunther, *Le Facteur chance*, Montréal, éditions de l'Homme, 1978.

avons rencontrées ou non, osé saisir ou non et su plus ou moins bien utiliser par la suite.

Une opportunité – quelle qu'elle soit – est en effet une sorte d'*ouverture* (parfois fortuite mais le plus souvent provoquée, même indirectement) qui apparaît dans le champ de nos possibilités. C'est cette ouverture, cette « occasion porteuse » qu'il faut à la fois identifier, saisir et utiliser au mieux afin de la rendre positive, bénéfique et constructive. Le chanceux structurel, pourrait-on dire, est donc celui ou celle qui saura gagner davantage de « concours de circonstances » que les autres, en utilisant au mieux – en particulier du fait de son optimisme – le potentiel des situations rencontrées.

Une opportunité est donc *un événement (positif ou négatif) dont l'apparition dans notre vie va créer, pour peu que nous décidions de saisir cette chance, un espace nouveau de possibilités.* Dans une existence normale, les opportunités que nous rencontrons se présentent toujours plus ou moins sous les mêmes formes :

Ce sont souvent des RENCONTRES avec d'autres personnes, effectuées à travers des mises en contact ou des créations de liens, qu'ils soient sociaux, professionnels, amicaux ou amoureux. Ces rencontres peuvent être fortuites, initiées au hasard de la vie, à la terrasse d'un café ou dans le métro. Elles peuvent aussi trouver leur source dans une mise en relation, à travers une rencontre chez des amis communs ou un échange informel sur un salon professionnel. Mais dans tous les cas, il faut décider de les faire, décider d'entrer en contact avec l'autre, et donc être capable d'anticiper tout ce que cette rencontre pourrait représenter de positif dans l'avenir. Or, nous avons vu précédemment combien les optimistes savent créer et optimiser ce type de circonstances.

Les opportunités se présentent aussi souvent sous la forme de TERRITOIRES, c'est-à-dire de champs d'action nouveaux pour nous (de la connaissance, de la culture, de la vie sociale). Ici, ce sont les circonstances de la vie (dont les rencontres) qui vont nous mettre en situation d'explorer des domaines de la connaissance, de la culture, du sport, de la vie sociale. Tel voyage, tel roman, tel essai philosophique ou économique, tel site Web, telle conversation avec un passionné, telles études, etc., vont nous ouvrir des possibilités qui apparaîtront ensuite comme ayant été autant de « chances » pour nous et parfois pour les autres. Les plus optimistes d'entre nous, de par l'ouverture et la curiosité qui les caractérisent, seront ainsi particulièrement sensibles à tout ce qui ressemble à un nouveau territoire, certains qu'ils seront de pouvoir y découvrir de nouvelles ressources.

Au cours d'une vie, les opportunités apparaissent enfin sous la forme d'OFFRES et de DEMANDES en tous genres en provenance de notre entourage et de notre environnement. Ces offres et demandes peuvent être de diverses natures : de contact, de conseil, d'affection, de soutien, d'information, de service, de solution, de collaboration, etc. Elles peuvent être d'ailleurs plus ou moins explicitement formulées, selon les circonstances. Mais dans tous les cas, ce sont les chanceux qui semblent les plus à même de percevoir ces offres et demandes au fur et à mesure qu'elles se présentent puis d'y répondre efficacement. Pourquoi ? Parce que c'est leur attitude optimiste qui les maintient, au quotidien, à l'affût de ces « propositions de la vie », transformant régulièrement en « coups de chance » des événements en apparence fortuits et inattendus.

Dès lors, peut-on délibérément favoriser l'apparition d'opportunités dans sa vie ? Oui, et c'est sans doute là que la pratique de l'optimisme peut se révéler dans toute sa puissance.

Conseils d'optimistes pour avoir de la chance

Si les optimistes semblent attirer davantage d'opportunités que les pessimistes, c'est sans doute pour quelques bonnes raisons liées à leurs comportements dans la vie de tous les jours.

Les grands optimistes apparaissent donc comme des « machines à fabriquer de la chance » pour au moins quatre grandes raisons, qui sont autant de bons conseils :

1er conseil : les optimistes passent beaucoup de temps à « programmer » leur chance.

La rencontre d'opportunités exige que l'on soit prêt (intellectuellement et émotionnellement) à les recevoir. Un événement de la vie ne devient une opportunité que par rapport à une direction préalable, direction qui s'est construite intérieurement chez l'individu concerné. L'optimiste pense en permanence à ce qu'il aimerait faire, à ce qu'il est possible de réussir. L'attitude optimiste « programme » littéralement la tête chercheuse d'opportunités. Les pensées positives, en particulier lorsqu'elles concernent des projets en cours ou des buts à atteindre, créent ainsi une sorte de forme mentale, une structure psychologique favorable à la détection des opportunités susceptibles de se présenter, qu'il s'agisse de rencontres à venir, de territoires encore inconnus ou de demandes non exprimées à ce jour. En favorisant son imprégnation mentale par un but ou un projet, parfois simplement par une ligne d'horizon, une intention, une attente ou une vague aspiration, l'optimiste crée déjà en lui les conditions de perception, puis d'accueil des opportunités à venir.

2e conseil : l'optimisme pousse à être attentif aux possibilités, donc à tout ce qui se passe autour de soi.

L'occasion favorable naît essentiellement de l'attention portée au potentiel des situations rencontrées. Cette ouverture à la chance et aux opportunités passe avant tout par un maintien en éveil de son attention et de sa propre curiosité, dans tous les domaines.

L'optimiste, nous l'avons vu, présente un comportement plus curieux, plus ouvert, plus attentif que la moyenne aux possibilités positives qui l'entourent. Il est donc plus à même de fixer naturellement son attention sur certains éléments davantage porteurs d'opportunité que d'autres. L'attention ne doit d'ailleurs pas être confondue avec la concentration. Trop attentif, on a du mal à se concentrer, ce qui peut être un défaut des grands optimistes. Mais trop concentré, qualité souvent reconnue aux pessimistes, notre potentiel d'attention reste faible. Les optimistes les plus efficaces ont cette capacité à passer rapidement d'un état à un autre, de la concentration à la vigilance et inversement, afin justement de favoriser la révélation d'opportunités jusque-là invisibles, car dissimulées au milieu des mille et unes petites réalités de la vie de tous les jours.

3e conseil : l'optimiste a naturellement tendance à fonctionner en réseau.

L'apparition régulière d'opportunités favorables est manifestement favorisée par la mise en place de ce que les spécialistes appellent un système permanent « d'échange de valeur perçue et d'utilité » entre soi et son environnement. En d'autres termes, il est quasiment impossible d'avoir de la chance tout seul ou plus précisément de rencontrer souvent la chance si on n'est jamais soi-même une chance pour les autres !

En effet, la chance à répétition ressemble à une sorte de toile d'araignée. La meilleure façon pour atteindre ses objectifs dans la vie, c'est encore d'essayer d'aider ceux que l'on aime, ceux que l'on apprécie ou tout simplement ceux dont on a besoin à atteindre les leurs. Mais pour cela, il faut accepter de faire circuler des choses utiles aux autres, que ce soit de la relation (mettre en contact), de l'information (communiquer le bon *tuyau*) ou du lien social (faire preuve d'affection, remercier, féliciter, soutenir).

Pour l'optimiste, rappelons-le, la première source d'opportunité est celle des rencontres et c'est souvent à cette dimension qu'il s'agit de s'intéresser en priorité. Tout au plus doit-on prendre garde à ne pas instrumentaliser outre mesure la relation humaine. En d'autres termes, gérer son carnet d'adresses et ses contacts sur les réseaux sociaux constitue une démarche intéressante mais qui ne saurait, par elle-même, être une source durable d'opportunité, et donc de chance. Car le fonctionnement en réseau, rappelons-le, est avant tout fondé sur un *échange de valeur perçue*, que cette valeur soit matérielle (une information donnée, un service rendu) ou plus subtile (une écoute sincère, un soutien affiché, un signe de reconnaissance explicite). Dans tous les cas, ce n'est que par l'échange entre personnes que vivent les réseaux de chance. C'est d'ailleurs ce qui peut conduire l'optimiste, au moment propice, à évoquer avec son interlocuteur (ami, parent, collaborateur, client, etc.) l'opportunité qu'il (ou elle) représente pour son propre environnement. Car non contents d'avoir de la chance, les grands optimistes « portent chance ». Rien d'étonnant à cela si l'on admet que la meilleure façon de rencontrer des opportunités, c'est déjà d'en être une soi-même. Et vous-même, quand, pour la dernière fois, avez-vous été une chance pour quelqu'un ?

4e conseil : l'optimiste est un « recycleur de malchance ».

L'une des caractéristiques des chanceux à répétition, c'est qu'il leur arrive – ponctuellement – de ne pas avoir de chance, voire d'échouer lamentablement ! Mais contrairement aux « malchanceux à répétition », leur optimisme fait qu'ils savent toujours quoi faire quand cela leur arrive !

Transformer l'essai des opportunités rencontrées, c'est aussi savoir recycler les revers et les coups du sort en autant d'ouvertures nouvelles. Ne dit-on pas qu'en affaires comme en amour (et sans doute dans nombre d'autres domaines), la plus grande des opportunités, c'est de ne plus avoir le choix ? L'acceptation et le *savoir-perdre* du pessimiste réaliste se transforment chez l'optimiste en une sorte de « savoir-faire-avec-les-difficultés », étant entendu que dans le monde de l'optimisme, la chance réside moins dans ce qui nous arrive que dans ce que nous allons faire avec ce qui va nous arriver.

Face à l'adversité, la réaction de l'optimiste devient évidente. Confronté au coup de malchance ponctuel, à l'échec plus ou moins assumé, au revers professionnel majeur, à l'accident de carrière inopiné, il va entreprendre immédiatement la recherche d'opportunités nouvelles, sans doute cachées au cœur des difficultés.

Pour l'optimiste, la malchance n'interrompt jamais le flux de la chance ; mais elle le réoriente – parfois brutalement, il est vrai – vers d'autres zones de possibilités et d'actions. L'important, même si on ne maîtrise pas tout, étant de se comporter de façon à ce que tôt ou tard, des choses positives arrivent dans notre vie et dans celle de ceux qui nous entourent !

8.
Regarder le monde en optimiste

> Le pessimiste pense qu'un jour est entouré de deux nuits,
> l'optimiste pense qu'une nuit est entourée de deux jours.
> Francis Picabia

> Au lieu de voir que les roses ont des épines,
> voyez que les épines ont des roses.
> White

> Plus heureux sont ceux qui, entre mille défauts,
> découvrent d'abord une perfection qui s'y trouve par hasard.
> Baltasar Gracian

L'idée selon laquelle on peut apprendre à devenir plus optimiste porte en elle quelque chose de naturellement réjouissant, même si notre intuition nous souffle à l'oreille (pessimisme ou lucidité ?) que cela ne doit pas être aussi facile que cela. Mais peu importe la difficulté présumée de l'entreprise, surtout lorsqu'on la compare aux bénéfices à en retirer, tant pour soi-même que pour les autres.

Puisqu'il sera désormais question d'entraînement à l'optimisme, que s'agit-il exactement d'entraîner ? Martin Seligman affirme qu'être optimiste « est à la fois une manière de regarder la vie et une manière de faire face aux événements ». Si tel est le cas, il semble donc logique de s'intéresser en priorité à la première discipline évoquée, celle du regard porté sur les personnes et les choses.

L'œil optimiste

L'optimisme est donc une façon positive (et créatrice d'enthousiasme) de voir, ou plutôt de percevoir la réalité qui nous entoure. La perception, pour les psychologues, est ce processus mental qui conduit à sélectionner, à mettre en ordre puis à interpréter les informations que nous recevons de notre environnement afin d'être en mesure de lui donner une signification, puis d'agir sur lui. Tout être humain a besoin, pour se mettre en mouvement et se sentir bien, de comprendre à quoi son action renvoie; c'est la raison pour laquelle nous sommes sans doute les seuls animaux en quête perpétuelle de significations, quelles qu'elles soient! Que la signification que nous donnons à un événement change, et notre comportement s'orientera différemment; que la signification disparaisse et nous voici tentés de cesser d'agir, de renoncer. Par ailleurs, si une signification positive vaut toujours mieux qu'une signification négative, l'expérience démontre que mieux vaut encore une signification négative… que pas de signification du tout!

L'optimiste, nous l'avons vu, aborde la réalité qui l'entoure avec des filtres tout à fait particuliers, à la fois sélectifs et orientés.

La perception que l'optimiste a du monde est tout d'abord éminemment *sélective.* Il ne retient en effet que certaines informations, généralement les plus positives, les plus porteuses de mouvement, les plus à même de laisser présager une amélioration. Quant aux informations négatives, elles sont toujours relativisées, voire négligées et laissées sur le bord du chemin, considérées au mieux comme secondaires, inutiles ou anecdotiques, au pire comme dangereuses, car psychologiquement toxiques.

Mais la perception de l'optimiste est aussi très *orientée*. Autrement dit, il ne pondère pas les informations reçues de la même façon que le pessimiste. Les données positives étant délibérément mises en avant et les données négatives largement sous-évaluées, l'optimiste va aussi porter son attention sur les informations les plus « dynamiques », c'est-à-dire celles justifiant le plus de se mettre en mouvement et de passer à l'action.

C'est l'ensemble de ce processus de perception qui permet à l'optimiste d'interpréter les informations qui l'entourent de façon spécifique. C'est ce qui lui permet de détecter une opportunité là où d'autres verront surtout une contrainte ; de voir un apprentissage là où d'autres parleront d'un échec ; et de présager une belle aventure à tenter là où d'autres anticiperont un parcours semé d'embûches sur lequel il semble hasardeux de se risquer.

La littérature en psychologie positive multiplie depuis plusieurs décennies les recettes de toutes sortes permettant de développer un regard plus optimisme sur soi-même, les autres et la vie en général. La plupart de ces conseils sont dignes d'intérêt, mais leur accumulation ressemble parfois à une sorte d'« inventaire à la Prévert[1] ». Il nous a donc paru nécessaire de mettre en peu d'ordre dans tout cela.

L'idée proposée est simple : quel que soit l'âge, le genre, la nationalité, le niveau d'études, le milieu social ou les revenus, le regard optimiste se travaille et se développe essentiellement par deux voies complémentaires : l'*imprégnation optimiste* et le *débat intérieur positif*.

1. Voir par exemple, en annexe au chapitre 9 du présent ouvrage, « Vivre le monde en optimiste : stratégies et tactiques en vrac », p. 119-120.

L'*imprégnation optimiste*, c'est ce qui va nous conduire à créer autour de nous, au quotidien, les conditions d'une attitude et d'une pensée positives, terreaux traditionnels de l'optimisme. Mais si ce choix est nécessaire, il n'est aucunement suffisant. En effet, dans un monde où prospèrent des situations fleurant bon la critique négative, le scepticisme et le cynisme blasé, le pessimisme aura tôt fait de retrouver le chemin de notre esprit.

L'imprégnation optimiste, qui se nourrit d'ingrédients trouvés à l'extérieur de nous, doit donc être complétée par une autre sorte de travail psychologique, le *débat intérieur positif.* Cette discipline de l'esprit, pratiquée au fil de la vie quotidienne, vise à mettre au défi nos représentations négatives de nous-mêmes, des autres ou des situations rencontrées afin de renforcer l'armature psychologique et morale autour de laquelle notre optimisme pourra prospérer dans toute sa vivacité, tel un lierre bénéfique.

L'immersion optimiste : positiver son environnement

Les recherches en la matière nous confirment que les plus optimistes d'entre nous sont dotés d'une configuration très puissante de croyances positives, inscrites en eux depuis des années, voire des décennies. Parfois, ces « enthousiastes nés » ne se rendent même plus compte de leur optimisme naturel, sauf si on le leur fait remarquer. Si vous faites partie de ces chanceux, c'est une excellente nouvelle pour vous ! Mais si, comme la grande majorité d'entre nous, vous oscillez régulièrement entre optimisme et pessimisme, et si vous désirez vous muscler sur la première attitude tout en limitant au strict minimum votre pratique de la deuxième, il vous faudra agir de façon plus coordonnée.

L'observation des grands optimistes – ou tout simplement la prise de conscience de notre propre comportement lorsque nous-mêmes adoptons une attitude optimiste – révèle que notre imprégnation optimiste, c'est-à-dire notre *vision optimisée* du monde, se nourrit généralement de deux choses : d'une part de *contacts positifs* avec les autres, d'autre part d'*informations positivées* – de toutes natures – que nous recevons autant que nous en diffusons.

1. Afin de prospérer, l'optimisme a donc besoin de matière première ; et l'essentiel de cet « humus positif » est le fait des relations avec les autres.

Nous savons combien l'interaction avec autrui donne toute sa saveur (qu'elle soit douce ou amère) aux grands moments de notre vie. Dans la mesure du possible, l'optimisme se nourrit de ce qui lui ressemble et recherche de préférence des environnements de vie chargés d'amitié, de bonne humeur, de joie, de plaisir et d'enthousiasme. Donc, fréquentons de préférence d'autres optimistes ! Le problème, hélas, est que la vie réelle nous conduit souvent à affronter des situations (personnelles ou professionnelles) nettement moins réjouissantes. Doit-on pour cela abandonner les pessimistes et les désespérés à leur triste sort afin de demeurer entre *happy few* optimistes et heureux de vivre ? Ce n'est pas si simple. Car parmi ces pessimistes se trouvent des hommes et des femmes que nous apprécions, voire que nous aimons, ou tout simplement des individus dont nous sommes responsables. Il va donc falloir en toute priorité *optimiser* la vision que nous avons d'eux.

L'imprégnation positive de notre relation aux « autres » passe tout d'abord par l'acceptation sereine (même si elle peut parfois se teinter d'agacement) de leur imperfection[1],

1. Christophe André, *Imparfaits, libres et heureux*, Odile Jacob, 2009.

la bonne nouvelle étant la quasi-certitude de leur perfectibilité à venir. Qu'on soit parent, enfant, conjoint ou compagnon, subordonné ou élève, collègue ou chef, nul d'entre nous ne ressemblera jamais aux modèles décrits dans les livres et les sermons. Sans doute est-ce la raison pour laquelle les perfectionnistes fournissent encore aujourd'hui le gros du bataillon des grands pessimistes, enfants d'une époque fascinée par le « zéro défaut », autrement dit par la négation même de la Vie, fondamentalement imparfaite et mutante.

Dans la même logique, l'imprégnation positive passe aussi par la recherche prioritaire, chez l'autre, de ses qualités et points forts[1], de ses ressources en tous genres et des nombreux domaines dans lesquels il ou elle a du potentiel. Nul n'a jamais rien réussi de durable en prenant appui sur ses carences, et un vieux proverbe oriental nous rappelle avec sagesse que « quand mon ami est borgne, je préfère le regarder de profil ». Ici commence l'optimisme.

2. Mais notre vie n'est pas faite que de relations humaines ; une grande partie de notre temps, en particulier à l'heure des médias de masse et du numérique, est consacrée à ce que les spécialistes appellent du *traitement de l'information*, cette information étant la deuxième composante de l'« humus positif » évoqué précédemment.

Du quotidien gratuit du matin lu dans les transports en commun jusqu'au journal télévisé du soir, en passant par les différents livres, magazines, sites Internet et autres blogs que nous fréquentons, l'information est partout, que ce soit dans notre vie personnelle ou au travail. Or cette information, au même titre que les relations que nous entretenons avec les autres, va plus ou moins nourrir notre attitude opti-

1. Marcus Buckingham, Donald Clifton, *Découvrez vos points forts*, Paris, Pearson, 2008.

miste en fonction de l'utilisation que nous allons en faire, que ce soit en la consommant ou en la diffusant.

Il est assez facile de déprimer à la lecture des quotidiens ou à l'écoute de la radio, tout autant qu'à la fréquentation assidue de la télévision ou des forums de discussion sur Internet. L'époque n'est pas à l'optimisme et cela se voit. Au début de l'année 2010, Elvire Bonduelle, jeune artiste fraîchement émoulue des Arts Déco, a pendant trois mois soigneusement sélectionné et découpé des articles parus dans *Le Monde* et tenté ensuite de recréer un numéro original, intitulé « *Le* meilleur *Monde* », composé uniquement de bonnes nouvelles. Le numéro ainsi reconstitué – aussi magnifique soit-il – ne comporte que 16 pages d'actualité heureuse et plusieurs rubriques sont restées en blanc, démontrant la difficulté à positiver l'information, fût-elle issue d'un prestigieux quotidien national[1] !

De ce point de vue, l'optimiste est généralement quelqu'un de cohérent. Ainsi, ce qui est vrai pour ceux qu'il fréquente l'est aussi pour le monde dans lequel il vit, en particulier au niveau du culte des points forts. Certes notre société est encombrée de trains qui arrivent en retard, de situations humaines dramatiques et d'impasses diverses, qu'elles soient technologiques, politiques, économiques, sociales, etc. Tout en étant conscient de cette réalité, l'optimiste veut croire à la possibilité de l'*optimiser*, par exemple en changeant son regard sur elle, ou plutôt en changeant sa façon de la questionner. C'est d'ailleurs là l'une des grandes différences entre l'optimiste et le pessimiste : face à une même situation, en particulier lorsqu'elle est difficile, ils ne vont pas (se) poser les mêmes questions.

1. Voir www.elvirebonduelle.com/index.php?/works/le-meilleur-monde/.

Afin d'accroître son imprégnation positive, l'optimiste va donc s'intéresser en priorité aux trains qui arrivent à l'heure, aux gens qui sortent des impasses malgré les épreuves, aux solutions qui fonctionnent, aux sorties de crise par le haut, aux manifestations de solidarité et de fraternité, et à toutes les innovations quelles qu'elles soient, dès lors qu'elles font reculer la pauvreté, les conflits, la solitude, la maladie et le malheur. L'optimiste pragmatique sait – tout autant que le pessimiste – combien notre monde est difficile. Mais l'optimiste, lui, sait qu'il ne pourra contribuer à son amélioration que d'une seule façon : en capitalisant sur le positif existant dans tous les domaines, et ce afin de l'identifier, le reproduire, puis le transmettre et le diffuser le plus largement possible.

Car pour l'optimiste, une « bonne nouvelle » n'est pas nécessairement une information heureuse ou souriante. C'est une information qui met en avant la possibilité d'agir sur les faiblesses du monde, une information qui réfute la fatalité du malheur et qui démontre que quelqu'un, quelque part, est déjà en train de faire bouger les choses dans le bon sens.

L'optimiste face à lui-même : le débat intérieur positif

Mais si l'entretien de notre optimisme passe obligatoirement par un certain type de regard porté sur les autres et sur les informations en provenance du monde alentour, il est aussi le fait d'un entraînement quotidien, d'une sorte de gymnastique mentale destinée à nous maintenir moralement alertes et prêts à agir dans le sens le plus positif possible.

Car autant l'admettre, les optimistes doutent aussi ! C'est pourquoi il leur est parfois nécessaire, face aux assauts d'un pessimisme jamais totalement éradiqué, de se confronter à eux-mêmes, en un débat intérieur exigeant d'où renaîtra l'enthousiasme un temps menacé.

Mais comme tout débat d'envergure, celui-ci ne saurait s'improviser. Notre « optimiste intérieur », candidat à l'enthousiasme, se doit de préparer soigneusement ses dossiers. Et il le doit d'autant plus qu'il a face à lui son « pessimiste intérieur », candidat au scepticisme et à la résignation, lui aussi généralement très bien informé, en particulier sur les faiblesses du système, ses carences, ses défauts, les chiffres qui tuent, l'entêtement des faits, etc.

Afin de préparer le terrain du débat intérieur, rien ne vaut la tenue régulière d'« états des lieux positifs », tant pour soi que pour le monde. Plusieurs travaux de recherche ont par exemple démontré la puissance d'un exercice tel que le « journal personnel positif », qui consiste quotidiennement à noter au choix :

– l'ensemble des événements positifs qui nous sont arrivés dans la journée ;

– ou l'ensemble des personnes croisées dans cette même journée, envers qui nous sommes reconnaissants, et pour quelle raison.

Cet exercice de regard positif sur le monde qui nous entoure, si simple en apparence, se révèle à l'usage être un *booster* d'optimisme à nul autre pareil, entretenant naturellement un état d'esprit orienté sur les points forts, les solutions, les possibilités, les raisons d'être confiant et d'espérer, etc.

Mais c'est généralement face à l'événement difficile, au conflit, à l'échec et à l'impasse apparente que naît la tentation pessimiste et que le débat intérieur peut réellement émerger. Martin Seligman a largement développé les modalités de cet exercice salutaire, qu'il nous conseille de pratiquer sans modération dès que nous nous retrouvons confrontés à une quelconque difficulté. La méthode proposée par Seligman[1] fonctionne en cinq temps :

– Le premier consiste à *reconnaître les faits* et en particulier leur caractère déplaisant ou problématique. L'optimiste n'arbore pas en permanence des lunettes roses et la prise de conscience de l'adversité fait partie de son état d'esprit. Nous voici bien loin du Docteur Pangloss qui, tout au long de *Candide*, s'entête à affirmer que tout est bien, quand tout va de plus en plus mal :

a. J'ai échoué à mon entretien de recrutement.

b. Il m'a quittée.

– Dans un second temps, il convient de nous interroger sur nos *croyances actuelles concernant cette situation difficile.* Est-elle de notre responsabilité ou liée à des éléments extérieurs, permanente ou temporaire, exceptionnelle ou banale ? La prise de conscience de nos croyances en la matière est d'autant plus essentielle qu'elle nous permettra, ensuite, de les mettre à l'épreuve :

a. Je ne suis plus dans le coup ; le marché du travail ne veut plus de profils comme le mien ; je ne retrouverai jamais un job.

b. Je suis nulle ; personne ne peut s'intéresser à une fille comme moi bien longtemps ; je finirai seule.

– Dans un troisième temps, on peut commencer à s'interroger sur les *conséquences négatives* de la situation rencontrée. Quelles sont-elles ? Quelle est la probabilité que ces conséquences adviennent ?

a. Je vais encore être à la charge de la collectivité ; je me sens mal en étant au chômage ; mes enfants ont honte de moi et ma compagne va se lasser de cette situation, etc.

b. Je suis triste d'être seule ; je vais déprimer à coup sûr ; mes copines vont encore me dire que je suis incapable d'avoir une relation stable avec un homme, etc.

1. M. Seligman, *La Force de l'optimisme*, *op. cit.*, p. 212-224.

– Intervient alors, dans un quatrième mouvement, le temps de la *confrontation positive.* C'est là que vont apparaître les questions portant sur :

a. la portée réelle de l'événement *(est-ce vraiment si grave ? et si je cessais de m'en préoccuper ?),*

b. son explication *(est-ce vraiment de ma faute uniquement ? Quelles sont les autres explications possibles ? Cela doit-il obligatoirement se reproduire ?),*

c. son retraitement optimiste *(pourrait-il y avoir des effets positifs à cette situation ? En quoi pourrait-elle représenter une opportunité ? Ai-je des marges de manœuvre pour reprendre les choses en main ?).*

– Enfin, c'est dans un cinquième mouvement que peut se présenter le temps de la *dynamisation*, celui de l'énergie positive en action, celui du choix des voies positives pour rebondir et de la prise de décision optimiste :

a. Je continue à chercher et à répondre à des annonces ; je vais me réinscrire à un stage, ne serait-ce que pour rencontrer du monde ; pour les prochains entretiens, je vais encore plus jouer la carte du positif dans mon attitude ; je vais proposer à des copains dans la même situation que moi de les aider à avancer sur leur propre projet, etc.

b. Je vais sortir à nouveau chez des amis ; je vais changer de coiffure et mettre un peu d'ordre dans ma garde-robe ; je vais rappeler des vieux copains ; je vais adopter une attitude beaucoup plus souriante et positive au bureau, etc.

C'est à ce temps du choix, de la décision et de l'action que nous allons nous consacrer maintenant.

9.

Piloter sa vie en optimiste

Pour l'optimiste, la vie n'est pas un problème, mais une solution.
Marcel PAGNOL

La grande affaire et la seule qu'on doive avoir, c'est de vivre heureux.
VOLTAIRE

Si je rends les autres heureux, leur joie revient vers moi.
Le bonheur, on l'obtient surtout par rebondissement.
ANONYME, XXe siècle

Vivre en optimiste, ce n'est pas uniquement penser, réfléchir ou ressentir en optimiste. C'est aussi et surtout *se comporter en optimiste*, c'est-à-dire choisir, arbitrer, décider, mettre en œuvre dans sa propre existence des attitudes et des comportements positifs porteurs d'énergie, d'ouverture sur les autres et d'enthousiasme.

Car *vivre*, c'est toujours et avant tout *choisir*. La vie que nous avons aujourd'hui est, que cela nous plaise ou non, le produit de l'ensemble des choix que nous avons faits, ou que nous avons aussi refusé de faire ! Affirmer que l'on n'a « pas eu le choix », c'est le plus souvent admettre que face à des contraintes, des blocages, des difficultés par ailleurs bien réelles, nous avons choisi la voie de l'acceptation, de la soumission, du « faire avec », de l'attentisme et de la fatalité, avant qu'elle ne devienne celle du pourrissement et de la résignation. Pourquoi ? Mille raisons à cela. Les raisons « politiquement correctes » sont nos préférées :

– il était préférable de jouer la carte de la sagesse et de la raison,

– il faut faire son devoir avant tout,

– il faut savoir rester à sa place,

– je ne voulais pas risquer de lui faire de la peine, de perdre ce qui avait été durement gagné, etc.

Mais il est aussi d'autres motivations, sans doute moins avouables :

– je n'ai pas osé, j'ai eu peur, j'ai été lâche,

– j'ai préféré attendre, rester dépendant mais dans ma zone de confort,

– j'avais la flemme,

– j'ai joué la sécurité,

– je me suis donné bonne conscience, etc.

Certes, choisir est souvent difficile. Ne serait-ce que parce que choisir une voie, c'est par définition renoncer aux autres, du moins temporairement. C'est donc accepter de fermer certains chemins afin d'être en mesure de concentrer son énergie sur d'autres.

En outre, choisir est toujours risqué. Il est des choix qui se révéleront constructifs comme il est des choix qui deviendront destructeurs. Et sans doute est-ce cette incertitude fondamentale qui nous conduit parfois à privilégier les choix de *statu quo*, en attendant mieux… ou pire.

Mais un choix, bon ou mauvais, est avant tout une décision.

Qu'est-ce qu'une bonne décision ?

Décider en optimiste, c'est donc prendre le parti de *faire* plutôt que de *ne pas faire*, d'oser plutôt que de reculer, d'entreprendre plutôt que de temporiser. C'est prendre la résolution qu'un événement aura lieu ou que quelque chose sera créé du fait de notre volonté ; c'est opter pour une éventualité positive plutôt qu'une autre qui le serait moins. Autrement dit, décider, c'est se déterminer.

La question de fond demeure bien sûr de savoir si la décision prise est vraiment celle qui convient le mieux dans la situation rencontrée. Pour le pessimiste, nombre des décisions prises par l'optimiste sont éminemment risquées car trop hasardeuses, porteuses de conséquences aléatoires, sinon négatives, en particulier si ça tourne mal, etc.

Mais dans le fond, que ce soit dans la vie familiale, sociale ou professionnelle, qu'est-ce donc qu'une « bonne décision » ?

Pour certains, une bonne décision est avant tout une décision qui a été soigneusement préparée. Ce qui fait la qualité d'une telle décision est donc déterminé par *ce que l'on a fait AVANT de la prendre*. Pour cela, il faut se renseigner, se documenter, peser le pour et le contre, analyser les risques avec soin, envisager les conséquences négatives possibles, etc., mais dans tous les cas de figures laisser mûrir la situation et décanter les alternatives. Il faut bien admettre que face aux décisions de vie les plus importantes (et qui sont aussi les plus risquées), cette attitude – pourtant rationnelle et sage – contribue davantage à nourrir le « pessimiste intérieur » que son homologue optimiste !

Pour l'optimiste, la question se pose en fait en des termes tout à fait différents. Il veut lui aussi prendre la meilleure décision possible. Il est lui aussi conscient (tout comme le pessimiste) qu'il existe sûrement plein de bonnes raisons de ne pas faire, de ne pas se lancer, de ne pas se risquer, etc.

Mais il va pourtant décider de le faire. Pourquoi ? Parce que pour l'optimiste, la qualité d'une décision ne se construit jamais avant qu'on la prenne. C'est même tout le contraire. En effet, dans la « vraie vie », nous n'avons presque jamais le temps nécessaire pour laisser mûrir une décision. Des informations essentielles nous manqueront toujours ; et nous vivons dans un monde mouvant qui continue de bouger pendant que nous pensons à notre décision.

Ainsi, pour l'optimiste, la « bonne décision » sera la décision qu'il va prendre (quelle qu'elle soit) et qu'il fera tout, ensuite, pour rendre vraiment « bonne ».

Car pour un optimiste, ce qui détermine la qualité d'une décision qu'il prend, *c'est toujours ce qu'il va faire APRÈS l'avoir prise !*

Les trois choix

Certes, il arrive que l'optimiste soit mis à rude épreuve par la vie, comme tout un chacun, que ce soit par la maladie, les conflits, le chômage, la violence, la perte d'êtres chers ou la vieillesse.

Mais vivre en optimiste, ce n'est pas vivre dans le meilleur des mondes : c'est faire des choix les plus positifs possibles dans le monde réel, celui dans lequel on vit.

Vivre en optimiste, c'est faire trois types de choix, ou plutôt faire une série de choix répartis dans trois grands domaines : notre attitude intérieure, nos relations avec les autres et notre environnement.

1. L'optimiste se reconnaît d'abord à son attitude intérieure, c'est-à-dire à la façon dont il se traite lui-même.

Le premier choix de l'optimiste concerne la façon dont il a décidé de regarder le monde et d'entrer en contact avec lui. L'optimisme, nous l'avons largement développé, est donc une attitude intérieure, qui se voit à l'extérieur !

Agir en optimiste, c'est s'accorder clairement une série de droits fondamentaux, parmi lesquels :

– le droit à l'imperfection, tant pour soi-même que pour les autres, la recherche de la perfection constituant l'une des sources essentielles de désespoir et de détresse,

– le droit aux « petits bonheurs de la vie », cette nourriture quotidienne de l'optimiste qu'on peut identifier à travers la question « Qu'as-tu fait pour toi aujourd'hui ? », immédiatement suivie d'une autre : « Qui d'autre que toi en as-tu fait profiter ? »

– le droit à la chance enfin, qui fait qu'une opportunité nouvelle est sans doute déjà en train de germer à notre porte.

Mais l'optimiste sait aussi s'imposer quelques devoirs :

– le devoir d'*optimalisation*[1], qui consiste à toujours tenter de faire au mieux (et de son mieux) avec ce que l'on a, et donc à capitaliser en priorité sur nos points forts et nos richesses intérieures,

– le devoir d'amour, qui nous conduit à aimer ce que l'on a et à nous réjouir de l'existence de l'autre,

– le devoir de bonne humeur, sachant depuis Voltaire qu'« il est poli d'être gai »,

– le devoir de confiance en la sagesse des possibles, qui fait qu'une solution existe toujours, quelque part, fût-elle à inventer.

1. Ce concept central de la psychologie positive est largement développé par le psychologue Tal Ben-Shahar dans son ouvrage *L'Apprentissage de l'imperfection*, Paris, Belfond, 2009.

2. L'optimiste se reconnaît ensuite à sa manière de communiquer avec les autres.

Que l'on se considère comme un pessimiste ou un optimiste, il est une autre question qu'il faut apprendre à se poser régulièrement, celle de savoir ce que l'on projette réellement, ce que l'on diffuse comme énergie positive à l'extérieur de soi, en particulier lorsqu'on communique avec les autres.

« C'est comment de vivre avec moi ? », telle est cette autre question essentielle. Notre vie, en effet, est faite de myriades d'interactions ; nous considérons certaines comme banales, d'autres comme essentielles, en particulier avec nos proches, nos parents, nos enfants, nos amis intimes, nos collègues de travail, etc. Mais quel que soit le contexte, l'optimiste se caractérise par le fait qu'il entre le plus souvent en contact avec autrui sur le mode de l'ouverture et de la confiance *a priori*. Certes, il y a toujours un risque. Cette ouverture peut parfois se heurter à un mur et la confiance n'être guère payée de retour. Et alors ? Est-ce si grave ? Au final, l'optimiste pense qu'il a davantage à gagner à jouer systématiquement cette carte-là plutôt que celle de la distance et de la méfiance. À l'échelle d'une vie humaine, les dividendes psychologiques du sourire et de la main offerte semblent incomparablement plus élevés que ceux du masque de sévérité et du poing tendu.

L'optimiste, enfin, se reconnaît à ce qu'il aide naturellement ses interlocuteurs à regarder différemment les problèmes auxquels ils sont confrontés. Car au-delà de la compréhension et de la compassion, l'attitude optimiste demeure avant tout une attitude d'action et de mise en mouvement, une énergie vitale au service de l'optimisation de l'existant et de sa transformation.

Communiquer avec un optimiste, c'est rencontrer un homme ou une femme qui écoute certes, mais surtout qui questionne. C'est croiser la route de quelqu'un qui oriente naturellement le regard de l'autre vers le côté positif, celui des forces et des possibilités.

La conversation avec un grand optimiste se reconnaît d'ailleurs aisément à ces multiples petites lumières qui la font scintiller, finissant même parfois par faire briller jusqu'aux yeux de son interlocuteur, à travers des mots tels que :

a. Ce que j'aime dans ta façon de voir (ton idée, ton projet, ta demande), c'est, etc.

b. Comment as-tu fait pour réussir cela ?

c. As-tu pensé à une autre solution (une alternative, un autre chemin possible) pour parvenir à ton but ?

d. Comment faire pour avancer maintenant ?, Qu'est-ce que tu proposes ?, Que pourrait-on essayer de nouveau ?

e. De quoi aurais-tu besoin pour que cela aille mieux ?

3. L'optimiste se reconnaît enfin à sa façon d'explorer les territoires de la vie qui constituent son environnement.

Nous sommes, nous aussi, des animaux à territoires, comme tous les autres. Et nous passons notre vie à explorer ces territoires, de façon plus ou moins audacieuse et innovante ou timorée et conformiste. Bien sûr, nos « territoires » d'humains ne sont plus uniquement les territoires de la géographie, bien que ceux-ci gardent tout leur charme et leur goût d'aventure. Mais ce sont aussi les territoires de la connaissance et du savoir, de la culture et des loisirs, de la création ou de la spiritualité, parmi tant d'autres. Se cultiver, lire un roman, visiter un musée, écrire une chanson, bricoler, jardiner, méditer, changer de métier, fonder un foyer, s'expatrier, s'engager dans une cause, créer une entreprise ou une association sont autant de façons d'explorer les innombrables « territoires » de la vie.

Vivre en optimiste, c'est maintenir sa curiosité en éveil par rapport à de nouveaux territoires, même (voire surtout) si leur accès est difficile ou hasardeux. L'optimiste pense qu'une exploration de plus vaut la peine d'être tentée, car là se trouve peut-être la solution ou la réponse qu'il recherche.

Oui, l'optimiste recherche en permanence des solutions fondées sur des qualités et des points forts, même s'il a compris que la solution parfaite n'existe peut-être pas ; aussi part-il de préférence en quête de solutions partielles, de celles qui permettent de résoudre une partie seulement du problème, mais avec efficacité.

Pour maintenir son enthousiasme et sa capacité à susciter celui des autres, l'optimiste tentera ainsi toujours de transformer une énigme en apprentissage, un blocage en opportunité, un problème en solution, ou une incertitude en projet.

Pour l'optimiste, il faut toujours tenter, car nul ne sait ce dont il est capable avant d'avoir essayé. Et celui qui gagne est souvent celui qui s'est découragé en dernier.

Pour l'optimiste, il faut risquer, car on regrette beaucoup plus souvent ce que l'on n'a pas osé faire que ce que l'on a tenté et qui a échoué. Car en ne risquant rien, on n'aurait rien appris.

Pour l'optimiste, la vie est faite de paris, mais surtout de paris positifs, portant sur le meilleur de soi, des autres et du monde alentour. Et c'est de ces paris que naît l'enthousiasme qui l'anime.

Mais si un optimiste vit en faisant des paris, il est aussi vrai qu'il n'est pas sûr à 100 % de tous les gagner. Ainsi va la vraie vie. Mais dans tous les cas de figures, il sait quand même sur quoi il est préférable de miser.

Il sait qu'il vaut toujours mieux jouer la ressource contre la carence, la solution contre l'impasse, le point fort contre le point faible, le possible contre le renoncement.

Vivre le monde en optimiste : stratégies et tactiques en vrac *(sources diverses)*

– Tout d'abord, souriez ! *Puis, au choix* :

– Listez tout ce qui est positif dans votre vie.

– Décidez solennellement de ne plus vous plaindre et de ne plus ruminer les éléments négatifs en provenance du passé (qu'il vienne de vous ou des autres).

– Répétez-vous mentalement des affirmations positives sur vous-même ou sur les personnes que vous appréciez et aimez.

– Tenez un journal quotidien de tous les événements positifs advenus dans votre journée, à la fois à vous, à ceux que vous aimez et dans le monde.

– Lisez des ouvrages positifs et fréquentez les blogs et sites d'informations optimistes et positifs (une première sélection vous en est proposée à la fin de la bibliographie de cet ouvrage).

– Faites l'inventaire de toutes choses positives que vous possédez (biens matériels, relations amicales et amoureuses, forces spirituelles).

– Faites la liste de vos points forts (ou tout simplement des raisons pour lesquelles les autres vous apprécient) : personnalité et caractère, talents, compétences et savoir-faire, style de vie.

– Augmentez sensiblement le nombre de personnes optimistes que vous fréquentez et observez attentivement comment fonctionnent les gens qui semblent heureux.

– Lorsque vous devez communiquer avec un pessimiste (ça arrive), décidez par avance d'essayer de le « positiver », même un tout petit peu.

– Chaque fois que vous apprenez une bonne nouvelle, parlez-en à trois personnes.

– Une fois de temps en temps, intéressez-vous à quelque chose qui ordinairement ne vous intéresse pas du tout, et voyez ce qui se passe !

– Écoutez du Mozart.

– Recherchez au quotidien un maximum de petits moments de bonheur et prenez quelques secondes (ou quelques minutes) pour apprécier ces instants.

– Donnez-vous pour mission de diffuser de l'optimisme autour de vous.

Et, pour finir, surtout,

– Souriez ! *(bis)*

10.

Vers une société de l'optimisme ?

> Le monde appartient aux optimistes,
> les pessimistes ne sont que des spectateurs.
> François Guizot

> La plus grande maladie de notre civilisation
> est de penser qu'elle est malade.
> Godfried Bomans

> Lorsqu'un seul homme rêve, ce n'est qu'un rêve.
> Mais si beaucoup d'hommes rêvent ensemble,
> c'est le début d'une nouvelle réalité.
> Friedensreich Hundertwasser

À quoi ressemblerait un monde gagné par l'optimisme ? Pas un optimisme égoïste, à courte vue et replié sur lui-même bien sûr. Nous ne parlons pas non plus de cet optimisme béat fait d'un mélange insipide de naïveté, de déni de réalité et d'illusions sans fondement. Depuis Voltaire, le Docteur Pangloss est définitivement hors jeu et son disciple Candide a décidé de se consacrer exclusivement à la culture de son jardin.

Plus simplement, nous aimerions rêver ici à un optimisme collectif tourné vers l'optimisation et l'action, à un

« optimisme de combat » face aux désordres du monde, à un optimisme mesuré mais déterminé, sachant allier au gré des circonstances un enthousiasme sans faille quant au but poursuivi et un pragmatisme résolu quant au chemin à parcourir pour l'atteindre.

Lorsqu'on regarde en arrière, il est sans doute un grand enseignement de l'histoire universelle que nous devons continuer à méditer. Chaque fois que l'homme s'est trouvé à la croisée des chemins, ce n'est pas toujours la voie optimiste qu'il a choisie en premier. Mais c'est toujours elle qui s'est révélée *in fine* être la bonne, car la plus adaptée ou la plus innovante.

L'optimisme, l'homme et l'histoire

Sans optimisme, il n'y aurait eu ni nomadisme, ni sédentarisation mais uniquement de l'errance. Sans optimisme, à quoi bon inventer l'écriture, l'agriculture et l'élevage, les villes, le commerce et la monnaie, l'imprimerie et la machine à vapeur, le téléphone et Internet ? Sans une bonne dose d'optimisme, que seraient devenus Christophe Colomb et Magellan, Newton et Edison, les encyclopédistes et les ingénieurs de la NASA ? Sans optimisme, pas d'espérance, ni croyance en le progrès, ni combats pour la liberté et les droits de chacun, ni lutte pour domestiquer la nature et les éléments, ni maîtrise progressive du vivant.

Sans optimisme, pourquoi naître, étudier, fonder une famille, transmettre, créer, explorer ? Sans optimisme, pourquoi vivre ?

L'optimisme aura donc toujours été une clé essentielle pour l'homme, même si cette clé reste parfois marquée du pessimisme inhérent à une conscience ultime, celle de notre finitude. Tant il est vrai que si les pessimistes ont sans doute plus ou moins raison sur le très long terme, du moins en Occident, les optimistes – nous l'avons vu – profitent nettement mieux du voyage et font coûte que coûte avancer l'attelage !

L'optimisme serait-il dès lors un combat politique ? Oui, à condition de comprendre que le combat optimiste n'oppose pas obligatoirement ceux de droite à ceux de gauche, les libéraux aux réformistes, ceux d'en bas à ceux d'en haut. L'optimisme est partout où des hommes et des femmes entreprennent de croire en la possibilité de lendemains meilleurs et en leur capacité à les réaliser, individuellement ou collectivement. L'optimisme est partout où la recherche enthousiaste de solutions positives et constructives prime sur l'orgueilleuse nécessité d'avoir d'abord raison, fût-ce au prix du désespoir et du renoncement.

Mais comment passe-t-on d'une bande désorganisée d'individus optimistes à une société d'optimistes, puis d'une société *d'optimistes* à une société *optimiste* ? Autrement dit, comment passer de l'individuel au collectif, puis du collectif au culturel ?

Au niveau individuel, il y a toujours eu des optimistes et chacun, même le plus pessimiste, en demeure porteur d'une parcelle, fût-elle infime. Mais il en est autrement au niveau des sociétés et des cultures. Car il est des groupes sociaux dépressifs, minés par le pessimisme, comme il est des groupes sociaux enthousiastes, qui carburent à l'optimisme. Ainsi de la jeunesse, supposée être naturellement plus optimiste que la maturité ou que la vieillesse. Rien n'est aussi simple. Celui qui fréquente aujourd'hui la jeunesse des grandes villes chinoises ou brésiliennes comprend instantanément ce qu'optimisme collectif veut dire. Énergie, passion, motivation, envie de progresser, espoir infini dans le lendemain. Mais qui fréquente la jeunesse de certaines grandes banlieues occidentales défavorisées sait aussi que les poisons du scepticisme, du cynisme et du renoncement tiennent désormais nombre de cités, n'en finissant pas de déliter les corps et les cœurs. Certes, même ici, l'optimisme ne meurt jamais complètement. Il est par bonheur soigneusement conservé, tel le feu des temps anciens, par une poignée d'enthousiastes militants, qu'ils aient pour noms éducateurs, créateurs, entrepreneurs, hommes et femmes politiques locaux, voire simples citoyens désireux de croire, envers et contre tout, en des lendemains qui chanteront à nouveau.

L'optimisme est-il contagieux ?

Dès lors, parler d'une « société optimiste » a-t-il un sens ? Oui, à condition d'en faire, là aussi, un véritable enjeu politique et social. Car aujourd'hui, le plus important – surtout pour tous les optimistes militants qui s'ignorent – est de jouer le jeu de la contagion *tous azimuts !* On ne change pas une culture collective en claquant des doigts. Il y a donc beaucoup à faire, sachant que la dynamique de l'optimisme peut aussi, le jour venu, se répandre naturellement et sans effort, de façon quasi autonome. Il y a quelques années, le journaliste américain Malcolm Gladwell a publié sur ce sujet un ouvrage particulièrement éclairant[1]. Il y développe l'idée d'une sorte de « point de bascule » (en anglais, *tipping point*), qui correspond au moment où une attitude, un état d'esprit, une prise de conscience ou un comportement vont voir leur diffusion et leur acceptation par la société s'accélérer brutalement et s'installer durablement dans le paysage culturel. Piochant ses exemples dans de nombreux

1. Malcolm Gladwell, *Le Point de bascule. Comment faire de grandes différences avec de toutes petites choses*, Transcontinental, 2003.

domaines, il tente à la fois de comprendre comment – c'est-à-dire par quel mécanisme de contagion sociale – une marque de chaussures un brin ringarde retrouve rapidement une deuxième jeunesse, comment la propreté du métro de New York cesse de se dégrader tandis que le taux de criminalité se met à baisser, etc.

Selon Malcolm Gladwell, trois principes, trois « lois » soutiennent cet effet de *point de bascule*, lois qui nous indiquent comment créer les conditions d'une future « société optimiste ».

1. La loi du petit nombre (ou comment mettre en place une conjuration des optimistes).

Pour qu'une idée se diffuse, par exemple celle des bienfaits de l'optimisme dans tous les domaines, elle aura tout d'abord besoin qu'un petit nombre de gens mettent leurs atouts au service de cette diffusion. Gladwell distingue ici les *connecteurs*, les *experts* et les *promoteurs*.

Les *connecteurs* sont ceux qui ont accès ou sont membres de plusieurs communautés, groupes ou réseaux et qui ont la capacité de faire communiquer entre eux des univers aussi différents que l'école, l'entreprise ou la presse afin que l'idée à défendre passe rapidement, voire se décline plus aisément d'un univers à l'autre.

Les *experts* sont les spécialistes pointus du sujet (scientifiques, psychologues, sociologues) qui, grâce aux *connecteurs* entre autres, auront loisir d'aller prouver la pertinence et la valeur de l'idée d'optimisme et partageront généreusement leur expertise sur le sujet avec tous ceux qu'ils connaissent.

Quant aux *promoteurs*, ils seront les diffuseurs de référence, ceux qui, dans leur métier quotidien de journalistes, d'enseignants, de responsables associatifs, de travailleurs sociaux, de conférenciers, auront pour fonction d'aller porter la bonne parole afin de « vendre » l'idée d'optimisme au plus grand nombre. Tout comme il y a des « relais d'opinion », il faut à présent des « relais d'optimisme ».

2. La loi d'adhésivité (ou comment faire de l'optimisme une idée qui « accroche » les esprits).

Mais pour que les précédents puissent mener leur action à bien, encore faut-il que l'idée d'optimisme suscite naturellement l'adhésion, c'est-à-dire que de nombreuses personnes en même temps la trouvent à la fois intéressante, pertinente, judicieuse, utile, puis décident d'en savoir davantage voire de se l'approprier avant de passer à l'action !

La forme est ici sans doute aussi importante que le fond. Et si le bouche-à-oreille – plus encore depuis l'avènement du texto et du Web – est aujourd'hui le média le plus puissant qui existe, le contenu du message optimiste doit être à même de nourrir le *buzz* !

Si l'on en croit les conseils de Cheap et Dan Heath, l'optimisme peut devenir rapidement une de ces « idées qui collent[1] » et contaminer positivement l'ensemble de la société. Pour cela, il doit respecter six caractéristiques et recouvrir un message :

– simple dans son expression mais riche dans ses développements et déclinaisons possibles ;

– porteur d'éléments surprenants, qui entretiennent dans le grand public l'intérêt et la curiosité ;

– concret, qui renvoie à la vie réelle, à ce qui constitue le quotidien des gens ;

– crédible, car porté par des hommes et des femmes qui non seulement savent argumenter sur l'optimisme, mais aussi l'incarnent dans leur propre attitude et dans leur propre vie ;

1. Chip et Dan Heath, *Ces idées qui collent. Pourquoi certaines idées survivent et d'autres meurent,* Paris, Village mondial, 2007.

– porteur d'émotions positives ;

– pouvant être illustré aisément par des histoires, des anecdotes et des récits.

3. La loi du contexte (ou comment créer un environnement social qui favorise l'attitude optimiste).

Le *point de bascule* optimiste doit aussi devenir une sorte de *point de non-retour.* Car évoquer une société de l'optimisme, c'est se situer bien au-delà de l'effet de mode. De façon ambitieuse certes, c'est pousser l'idéalisme jusqu'à penser que cette attitude d'enthousiasme, à la fois positive et constructive, peut intégrer durablement les différentes dimensions du corps social, et ce malgré les différences individuelles. Les sociétés les plus optimistes auront toujours leurs pessimistes, tout comme les sociétés les plus prospères auront toujours leurs pauvres.

Ainsi, si l'on applique à notre propos les analyses de Malcolm Gladwell, il semble bien que toute épidémie d'optimisme se développe ou s'éteigne en fonction du contexte dans lequel elle évolue. Et ce qui est vrai au sein du cercle familial, de la salle de classe, du groupe de travail, de l'équipe de vente, du club de foot, etc., l'est tout autant au niveau de la société dans son ensemble.

Pour que vive l'optimisme !

À quoi pourrait ressembler demain un contexte davantage porteur d'optimisme ? Nous proposerons ici deux pistes, parmi d'autres :

1. Promouvoir l'optimisme comme une grande cause citoyenne.

Cette première piste est sans doute la plus facile, techniquement (sinon politiquement) parlant, à mettre en œuvre.

Elle est en fait avant tout un choix de communication, ou plutôt de *priorités de communication*, aux différents échelons de la société.

Nous vivons dans une société de médias de toutes sortes. C'est un fait d'évidence, un simple constat. Nos interactions avec le monde passent certes encore par la relation interpersonnelle (directe ou virtuelle) mais le livre, le journal, la télévision, la publicité, le téléphone mobile, le micro-ordinateur, le Net n'en rythment pas moins notre quotidien d'hommes et de femmes du XXIe siècle, potentiellement saturés de messages à toute heure du jour ou de la nuit.

En termes de communication, et en particulier au niveau des messages diffusés par les professionnels, le pari collectif à faire doit être celui de l'enthousiasme contre celui du renoncement, celui de l'espoir en la possibilité du meilleur contre celui du cynisme et de la délectation morose.

Les premiers concernés sont bien évidemment les médias de masse. Et même si la « révolution optimiste » reste à faire, le changement semble bel et bien en marche. Ainsi, çà et là, apparaissent aux devantures des kiosques, sur les étals des librairies et au fil des réseaux numériques de plus en plus de poches de résistance optimiste où l'on évoque sans vergogne des sujets tels que le bonheur, le plaisir, le bien-être, la réussite, les solutions intelligentes venues d'ailleurs ou les perspectives positives pour demain[1].

Jusqu'au moteur de recherche Google qui, si on l'interroge en français sur le mot « pessimisme », ne propose que 769 000 réponses, bien loin derrière l'« optimisme » et ses 1 590 000 résultats !

1. Voir, en fin de bibliographie, notre liste de « Liens @ptimistes », qui montre que le Net peut aussi se révéler riche en actualités heureuses et nouvelles positives du monde.

Que cette contagion de l'optimisme gagne les manuels scolaires et nous aurons fait un grand pas vers une société de l'enthousiasme propre à bousculer le monde à venir !

2. Favoriser le développement d'institutions optimistes.

Cette deuxième piste est sans doute plus ambitieuse, pour ne pas dire plus… optimiste ! En effet, comment envisager une société optimiste dans laquelle les grandes institutions publiques et privées continueraient à entretenir, souvent à leur corps défendant, la flamme blafarde du scepticisme, de l'esprit critique permanent et de la morosité ? C'est en l'an 2000 que les deux plus grands spécialistes contemporains de la psychologie positive, M. Seligman et M. Csiksentmihalyi[1], se sont réunis pour affirmer que le développement d'institutions positives constituait désormais une étape clé pour faire évoluer nos sociétés face aux défis à venir. Dans ce même esprit, que pourrait signifier le développement d'institutions optimistes ? Il pourrait consister à favoriser l'émergence de corps sociaux porteurs de certaines valeurs et de modes de fonctionnement liés à l'idée d'optimisme, tels que l'enthousiasme, la confiance en les possibilités infinies de l'intelligence et de la créativité humaines, le culte des points forts ainsi que celui des solutions constructives. Mais cet optimisme ne saurait être uniquement un discours, un effet rhétorique de plus. Une institution « optimiste » l'est avant tout à travers son organisation et ses règles du jeu, lesquelles favorisent délibérément – et au quotidien – un certain nombre d'attitudes et de comportements positifs chez les acteurs sociaux.

Quelles sont les institutions sociales à « optimiser » en priorité ? Vue l'importance de l'éducation dans le développement de la démocratie et le recul de toutes les pauvretés,

1. « Positive psychology : an introduction », *American Psychologist*, *55*, 5-14.

ce sont les institutions scolaires qui doivent aujourd'hui s'interroger sur leur nécessaire « révolution optimiste », laquelle reste encore à déclencher. Il est essentiel que l'école et l'Université redeviennent, en particulier dans nos pays développés, ce qu'elles avaient su être à leurs débuts, à savoir un creuset de diffusion de la connaissance mais aussi d'ouverture sur le monde et les autres. Car ce n'est qu'ainsi qu'elles pourront dans un second temps apparaître à nouveau comme les plus magnifiques machines à fabriquer de l'espoir et de la motivation, de l'envie et du plaisir d'entreprendre, du désir de se réaliser et de grandir.

L'entreprise, privée et publique, est sans doute – par ordre d'entrée en scène dans la vie – la deuxième institution sociale à devoir retrouver une dynamique optimiste, aujourd'hui bien malmenée par les effets collatéraux externes de la crise mondiale et par des exigences internes croissantes de productivité et de rationalisation. Mais là de même, le changement est en marche, du moins dans les organisations les plus avancées et l'optimisme – qu'il soit stratégique ou managérial – revient lentement mais sûrement à l'ordre du jour des comités de direction les plus avancés.

Que dire enfin des politiques et des institutions représentatives, sinon que leur responsabilité dans la construction de l'optimisme collectif occupe une place centrale. On imagine mal en effet une communauté citoyenne enthousiaste, désireuse de prendre son destin à bras-le-corps, mais dirigée au plus haut niveau par des représentants désabusés ou sceptiques. Car « parler vrai », cela ne signifie pas obligatoirement désespérer la Cité.

Aux heures sombres de la Guerre, Winston Churchill ne sut promettre à ses concitoyens que « du sang, de la boue, de la sueur et des larmes ». Aussi paradoxal que cela puisse paraître, il s'agissait là d'un des plus beaux messages d'optimisme qu'un homme politique ait pu offrir à une nation dévastée par les bombes et les privations. Ce message était optimiste en ce qu'il était courageux, conduisant les uns et les autres à regarder la terrible réalité en face tout en refusant de renoncer au combat pour la liberté. Mais ce message de W. Churchill était aussi un diamant d'optimiste car, par ces mots, il confirmait à tous la confiance que lui, leur Premier Ministre, avait en eux, sa conviction profonde en leur capacité de tenir bon dans l'adversité et la certitude qu'il y avait une lumière au bout de l'épreuve.

Diriger en optimiste, sans doute est-ce avant tout cela :

– savoir regarder toute réalité, même la plus difficile, avec lucidité, mais en insistant toujours sur ce qui peut être entrepris, construit, tenté, espéré ;

– savoir en toutes circonstances s'appuyer et capitaliser sur les forces et l'énergie vitale de ceux que l'on dirige ;

– orienter ces forces et cette énergie vitale vers des projets enthousiasmants qui donnent à la collectivité la fierté de l'appartenance et le sentiment positif de grandir, même dans la difficulté.

Épilogue

L'optimisme de quelques-uns peut-il vraiment, à lui seul, faire changer le monde au bénéfice de tous ? Peut-être pas totalement et pas tout de suite. Mais il peut au moins, dès à présent, bousculer les habitudes et entreprendre de faire bouger les esprits, les intelligences et les cœurs.

De quoi demain sera-t-il fait ? Nous l'ignorons, même si au jeu de la prophétie catastrophiste, tant d'experts revendiquent la pole position. Mais dans les temps de grande mutation qui s'annoncent, il n'est rien de plus précieux que l'optimisme, cet état d'esprit qui s'offre le luxe d'être aussi un état de conscience.

L'optimisme, c'est d'abord une relation

L'optimisme est un art de vivre, une façon d'être et de partager avec d'autres hommes et d'autres femmes dans un monde en mouvement, essentiellement imprévisible, mais porteur de tant d'opportunités !

Sans doute notre société n'est-elle pas aussi optimiste que nous la souhaiterions, ni totalement ouverte sur les aspects les plus positifs de son propre devenir économique, social, culturel ou humain. Il en est ainsi. Mais peut-être est-ce une bonne chose. Car dans ce contexte, l'optimisme redevient une authentique force ; une force de mouvement, un engagement intellectuel et moral à la portée de tous.

Un optimiste n'est jamais tiède

Les optimistes ne peuvent qu'être enthousiastes et militants, boussoles vivantes à jamais orientées vers l'amélioration des hommes tels qu'ils sont et du monde tel qu'il est. Les optimistes ont choisi leur camp, loin de celui des lamentations et des regrets au souvenir morose d'hommes et de mondes qui n'ont jamais été.

Être optimiste, cela signifie mettre la réalité sous tension positive et la défier par la recherche permanente de l'amélioration, de l'optimisation des points forts et des ressources, de l'invention de solutions toujours plus innovantes, sans oublier le courage de toujours parier sur ce qu'il y a de meilleur en chacun de nous.

L'optimisme est une énergie de transformation

Car si l'optimisme permet de mieux vivre, de mieux jouir de ce que la vie nous offre, il n'est pas que cela. Depuis la nuit des temps, les optimistes sont – dans leur essence même – d'authentiques machines à recycler le négatif, la résignation, le cynisme et la morosité. Tous les optimistes s'emploient, souvent même sans le savoir, à dépolluer les esprits – le leur et celui de ceux qui les entourent – et à les mettre en situation de voir le monde différemment, afin d'agir sur lui plus sereinement et plus positivement.

Être optimiste, c'est croire en l'Autre

Être optimiste, c'est croire en celui que l'on croise. C'est croire en sa compétence, en ses possibilités, en son amitié, en son amour. Certes, il arrive que l'optimiste se trompe sur cette compétence, sur ces possibilités, sur cette amitié ou sur cet amour. Mais cela ne veut pas dire qu'il a eu tort d'y croire. Car refuser d'y croire, jouer d'entrée la carte du scepticisme et du pessimisme, aurait été beaucoup plus désespérant. La plupart des optimistes préfèrent vivre pleinement et se tromper totalement que de ne jamais faire d'erreur pour n'avoir que rarement parié !

L'optimisme est un plaisir, mais aussi un devoir !

Il y a du bonheur à être optimiste et à communiquer en toutes circonstances énergie, ouverture et vision positive des possibilités du monde. Une journée où l'on a été optimiste est déjà une belle journée. Mais rien ne vaut une journée où l'on a communiqué son optimisme à un proche, un ami, un collègue ou un collaborateur.

Face à ceux qu'il aime, qu'il éduque, qu'il dirige, qu'il accompagne au fil de la vie ou au seuil de la mort, chacun est responsable de la vision du monde qu'il porte en lui-même et pour les autres. Et si notre vie devait avoir un sens, peut-être est-ce au fond celui-là. Jeune ou vieux, riche ou pauvre, modeste ou puissant, solide ou affaibli, que chaque optimiste en ce monde puisse être celle ou celui qui, contre vents des circonstances et marées du destin, aura entretenu la flamme.

Nous parlons ici de la seule flamme qui compte vraiment, celle dont le souvenir nous survivra, qu'on l'appelle enthousiasme du cœur, confiance inébranlable en la vraie vie, amour des autres tels qu'ils sont ou espérance dans les mondes qui viennent.

Pour aller (beaucoup) plus loin

1. Bibliographie optimiste

AÎVANHOV, Omraam Mikhaël, *Le Devoir d'être heureux*, Prosveta, 2000.

ALAIN (Émile Chartier), *Propos sur le bonheur,* 1925, Gallimard, « Folio Essais », 1985.

ANDRÉ, Christophe, *Vivre heureux : psychologie du bonheur*, Paris, Odile Jacob, 2003.

[Un ouvrage de référence en langue française. Une analyse très fine des liens entre optimisme et pessimisme.]

—, *Imparfaits, libres et heureux. Pratiques de l'estime de soi*, Paris, Odile Jacob, 2006.

—, *Les États d'âme*, Paris, Odile Jacob, 2009.

ARFEUILLERE, Philippe et BRETON, Philippe, *De l'enthousiasme en France*, Petit Futé/Publibook, 2007.

AVIA, Maria Dolorès et VASQUEZ, Carmelo, *Optimismo inteligente*, Madrid, Alianza Editorial, 1998.

BAIRD, Davis, *Mille chemins vers l'optimisme*, Albin Michel, 2003.

BARBARIN, Georges, *L'Optimisme créateur. Votre devoir d'être heureux*, Dangles, 1986.

BAUMGARDNER, Steve R. et CROTHERS, Marie, *Positive Psychology*, Pearson Education, 2010.

BEAUREPAIRE, Lian, *Le Petit Livre de l'optimisme*, éditions du Rocher, 2001.

BEN-SHAHAR, Tal, *L'Apprentissage du bonheur*, Paris, Belfond, 2008.

[Le bonheur tel qu'on l'enseigne à l'université de Harvard. Très pédagogique et très complet.]

—, *L'Apprentissage de l'imperfection*, Paris, Belfond, 2010.

—, *Apprendre à être heureux. Cahier d'exercices et de recettes*, Paris, Belfond, 2010.

BENOIT, Marcel, *L'Art d'être optimiste,* Paris, éditions Nilsson.

BLANCHARD, Laurent, *L'Optimisme durable. Comment les nouvelles technologies changent déjà le monde*, Paris, Cherche-Midi, 2010.

[Un discours enfin optimiste sur les conséquences positives d'un développement technologique maîtrisé. Un équilibre intéressant entre exigences de la modernité et respect de l'environnement.]

BOIRON, Christian, *La Source du bonheur*, Albin Michel, « Espaces libres », 2000.

BRUCKNER, Pascal, *L'Euphorie perpétuelle. Essai sur le devoir de bonheur*, Paris, Grasset, 2000.

BUCKINGHAM, Marcus et CLIFTON, Donald, *Découvrez vos points forts*, Paris, Pearson, 2008.

CAMERON, Julia, *Libérez votre créativité. Osez dire oui à la vie*, Dangles, 1999.

CAZENZEUVE, Jean, *De l'optimisme*, Paris, Fayard, 1997.

CHANG, Edward C., *Optimism and Pessimism. Implications for Theory, Research and Practice*, Washington DC, American Psychological Association, 2002.

COTTRAUX, Jean, *La Force avec soi*, Paris, Odile Jacob, 2007.

[Une synthèse très complète sur la psychologie positive et ses perspectives, à destination du grand public. Des développements intéressants sur l'optimisme, les forces de caractère et la gestion de soi-même.]

CSIKSZENTMIHALYI, Mihaly, *Vivre. La psychologie du bonheur*, Paris, Robert Laffont, 2006.

—, *Mieux vivre en maîtrisant votre énergie psychique*, Paris, Robert Laffont, 1997.

CYRULNIK, Boris, *Un merveilleux malheur*, Paris, Odile Jacob, 1999.

DARMOUNI, Danièle et GABILLIET, Philippe (dir.), *Artisans du devenir*, Paris, Pearson (sous presse).

DEL MARMOL, Guibert, *Tomber plus haut*, éditions Alphée – Jean-Paul Bertrand, 2009.

DEVIENNE, Émilie, *50 exercices pour prendre la vie du bon côté*, Paris, Eyrolles, 2010.

— (coord.), *Le Coaching en mouvements*, Paris, Dunod, sous presse.

DUFOREST, Jean et ERODIADES, Constantin, *Nos racines et nos rêves. L'arborescence du progrès*, éditions Progrescence.

DWECK, Carol S., *Changer d'état d'esprit. Une nouvelle psychologie de la réussite*, Paris, Mardaga, 2010.

EDWARDS, Michael, *De l'émerveillement*, Paris, Fayard, 2008.

EMMANUELLE, Sœur, *Le Paradis, c'est les autres*, J'ai Lu, 2004.

FREUD, Michèle, *Réconcilier l'âme et le corps*, Paris, Albin Michel, 2007.

[Une sophrologue propose 40 exercices destinés à nous faire voir, et vivre le monde différemment ; une approche résolument optimiste.]

GABILLIET, Philippe, *Les Conduites d'anticipation*, Paris, L'Harmattan, 2008.

GARDNER, Howard, *Faire évoluer les esprits*, Paris, Odile Jacob, 2007.

GAUCHER, Renaud, *La Psychologie positive ou l'étude scientifique du meilleur de nous-mêmes*, Paris, L'Harmattan, 2010.

—, *Bonheur et économie. Le capitalisme est-il soluble dans la recherche du bonheur ?*, Paris, L'Harmattan, 2009.

GIROUX, Michel, *Psychologie des gens heureux. Un art de vivre au quotidien*, Montréal, éditions Quebecor, 2005.

GLADWELL, Malcolm, *Le Point de bascule. Comment faire une grande différence avec de toutes petites choses*, Transcontinental, 2003.

GLOCHEUX, Dominique, *La Vie en rose au boulot*, Albin Michel, 2004.

GOSSELIN, Éric, « Contribution à une synthèse des connaissances sur la satisfaction dans la vie : regard psychologique sur une réalité plurielle », *Revue de l'université de Moncton*, 2005, vol. 36, n° 2, 131-169.

GUENASSIA, Jean-Michel, *Le Club des incorrigibles optimistes*, Albin Michel, 2009.

GUNN, Anthony, *Transformer ses peurs,* Petite Bibliothèque Payot, 2009.

[Un petit ouvrage très complet sur la peur et les différentes façons de la gérer ; à noter en particulier de très intéressants développements sur la notion de « pessimisme positif ».]

GUNTHER, Max, *Le Facteur chance*, Montréal, éditions de l'Homme, 1978.

HELMSTETTER, Shad, *Choisir. Conduite volontaire et conditionnements inconscients*, Marabout, « Voie positive », 1995.

HINTERMAN, Mémona et KRUSCHE, Lutz, *Ils ont relevé la tête,* Paris, JC Lattès, 2010.

HSIEH, Tony, *Delivering Happiness. A Path to Profits, Passion and Purpose*, Business Plus Imports, 2010.

JANSSEN, Thierry, « Être optimiste protège l'organisme », *Psychologies magazine*, n° 273, avril 2008.

—, *La Solution intérieure*, Paris, Fayard, 2006.

[Une synthèse remarquable sur les liens entre la santé du corps et les forces de l'esprit, réalisée par un médecin et psychothérapeute spécialisé dans l'accompagnement de la maladie. Un regard nouveau sur les bases psycho-neuro-immunologiques de l'optimisme.]

JUNGK, Robert, *Pari sur l'Homme. L'optimisme comme défi*, Robert Laffont, 1974.

KANT, Emmanuel, *Considérations sur l'optimisme,* 1759, Vrin, 2002.

KLEIN, Stefan, *Apprendre à être heureux. Neurobiologie du bonheur*, Paris, Robert Laffont, 2005.

LAMBIN, Éric, *Une écologie du bonheur*, éditions du Pommier, 2009.

LECOMTE, Jacques (dir.), *Introduction à la psychologie positive*, Paris, Dunod, 2009.

[Une série de contributions très éclairantes sur les applications possibles du modèle de la psychologie positive. À noter en particulier l'article de J.-F. Verlhiac et T. Meyer « Entre Candide et Cassandre. La nécessaire complémentarité de l'optimisme et du pessimisme ».]

LEIBNIZ, Gottfried W., *Essai de Théodicée sur la bonté de Dieu, la liberté de l'Homme et l'origine du Mal* (1710), GF Flammarion, 2002.

LEIMON, A., McMAHON, G. et MILLETRE, B., *La Pensée positive pour les nuls*, First éditions, 2010.

LEJOYEUX, Michel, *Les Secrets de nos comportements (pourquoi les optimistes vivent-ils plus longtemps, sont-ils plus riches et chantent-ils plus juste ?)*, Paris, Plon, 2009.

[Quand un professeur de psychiatrie au nom prédestiné (!) nous livre les clés de nos comportements et les moyens d'en reprendre le contrôle. Une part importante du livre est consacrée à l'optimisme.]

LELORD, François, *Le Voyage d'Hector ou la recherche du bonheur*, Odile Jacob, 2004.

—, et ANDRÉ, Christophe, *La Force des émotions*, Paris, Odile Jacob, 2001.

LE SAGET, Meryem, *L'Optimisme est dans l'escalier*, éditions Liaisons, 1996.

LYUBOMIRSKY, Sonja, *Comment être heureux et le rester*, Flammarion, 2008.

[La directrice du Laboratoire de psychologie positive de l'université de Californie nous livre les clés scientifiques du bonheur durable, parmi lesquelles l'optimisme tient une place de choix !]

MACDONALD, Kyle, *Un trombone rouge*, Paris, Michel Lafon, 2008.

MACDONALD, Lucy, *Apprendre à être optimiste pour gérer votre stress et préserver votre santé*, Courrier du Livre, 2005.

MALOINE, Vincent, *Faut pas se laisser abattre. Le petit livre de l'optimisme*, Robert laffont, 2002.

MARDEN, Orson Swett, *L'Influence de l'optimisme et de la gaîté sur la santé physique et morale*, Oliven, 1920.

MARIVAUX, *Le Jeu de l'amour et du hasard,* 1730, J'ai lu – Librio, 2003.

MCGINNIS, Alan Loy, *Le Pouvoir de l'optimisme*, J'ai Lu, 1999.

MEHRAN, Firouzeh, *Psychologie positive et personnalité. Activation des ressources*, Paris, Masson, 2010.

MILLÊTRE, Béatrice, *Prendre la vie du bon côté. Pratiques du bien-être mental*, Odile Jacob, 2009.

ORNSTEIN, Robert et SOBEL, David, *Les Vertus du plaisir*, Paris, Robert Laffont, 1992.

PAULHAN, I. et BOURGEOIS, M., *Stress et coping. Les stratégies d'ajustement à l'adversité.* Paris, PUF, 1998.

PETERSON, Christopher, « The future of optimism », *The American Psychologist*, vol. 55, n° 1, 44-55, janvier 2000.

— et BOSSIO, Lisa M., *Optimisme et Santé*, Paris, JC Lattès, 1993.

PRITCHETT, Price, *Hard Optimism: How to Succeed in a World Where Positive Wins*, MacGraw-Hill, 2006.

RICARD, Matthieu, *Plaidoyer pour le bonheur*, Pocket, 2004.

ROJAS MARCOS, Luis, *La fuerza del optimismo*, Madrid, Punto de lectura, 2010.

SAINT-LAURENT (de), Raymond, *L'Optimisme*, Aubanel, 1947.

SCHMITT, Éric-Emmanuel, *Odette Toulemonde et autres histoires*, Livre de Poche, 2009.

—, « L'optimisme », conférence filmée à Bruxelles, Conservatoire royal, le 27 mars 2006, 52 minutes (DVD disponible sur le site www.antigone-boutique.com).

SELIGMAN, Martin, *La Force de l'optimisme. Apprendre à faire confiance à la vie*, Paris, Inter Éditions – Dunod, 2008.

[Le grand classique contemporain, écrit par l'un des fondateurs du mouvement de la « psychologie positive ». Un travail de recherche sur l'optimisme, à la fois complet et exigeant, assorti de recommandations concrètes à l'usage des non-spécialistes. Un ouvrage à lire et à relire.]

SHORTER, Laurence, *Le Secret de l'optimiste. Le tour du monde d'un acharné du bonheur*, Paris, JC Lattès, 2009.

[Un « chercheur de bonheur » part un beau matin à la rencontre des grands optimistes du monde pour s'enquérir de leur point de vue. Un itinéraire romancé et plein d'humour destiné à nous faire comprendre la réelle nature de l'optimisme.]

SOFRI, Adriano, *De l'optimisme*, Le Manuscrit, 2002.

STIL, André et SEGUILLON, Pierre-Luc, *L'Optimisme librement consenti*, Stock, 2001.

THALMANN, Yves-Alexandre, *Petit cahier d'exercices pour voir la vie en rose*, Paris, éditions Jouvence, 2010.

[Sous forme d'un cahier d'écolier semblable à ceux de notre enfance, un voyage au pays de l'optimisme quotidien, dans lequel l'auteur clarifie les définitions tout en proposant de nombreux exercices pratiques destinés à nous faire travailler notre optimisme.]

TIGER, Lionel, *Optimism : The Biology of Hope,* Kodanshan Amer. Inc., 1995.

TROTTIER, Christiane, TRUDEL, Pierre et HALLIWELL, Wayne Richard, « Présentation des deux principales théories nord-américaines sur l'optimisme », *Staps*, 2007/3, n° 77, 9-28.

VAN RILLAER, Jacques, *La Gestion de soi*, Mardaga, 1992.

VAUGHAN, Susan, *Half Empty, Half-Full. Understanding The Psychological Roots of Optimism*, Houghton Mifflin Harcourt, 2000.

VOLTAIRE, *Candide ou l'optimisme (1759)*, Pocket, 2005.

WILSON, Paul, *Le Petit Livre de l'optimisme*, éditions des Presses du Châtelet, 2002.

WISEMAN, Richard, *Notre capital chance*, Marabout, 2005.

[Une application concrète de l'optimisme à la création de la chance ou comment notre façon de voir le monde peut faire que des événements positifs se mettent à advenir dans notre vie .]

—, *59 secondes pour prendre les bonnes décisions*, Paris, JC Lattès, 2010.

2. Liens @ptimistes (à fréquenter sans modération)

www.liguedesoptimistes.fr
Site officiel de la Ligue des optimistes de France, branche hexagonale de l'association internationale Optimistes sans frontières.
Adresse : Ligue des optimistes de France, 11, rue Quentin-Bauchard, 75008, Paris.

www.liguedesoptimistes.be
Le site historique de la Ligue des optimistes du Royaume de Belgique, première branche nationale de l'association internationale Optimistes sans frontières.

Sans oublier, également :
– www.optimistenbond.nl (De Optimistenbond Von Nederland, Pays-Bas).
– http://sponduun.tv/opti (Optimistenbund Deutschland e.V., Allemagne).

http://optimistan.org
Le site officiel de l'État d'Optimistan. Un autre développement de l'association Optimistes sans frontières.

www.youtube.com/watch?v=RLKw0RFHsRY
« L'optimiste », par Philippe Gabilliet. Une très courte vidéo de l'auteur qui y explique la différence essentielle entre *optimisme de but* et *optimisme de chemin*.

www.sirc.org/publik/optimism.pdf
Ce lien permet de télécharger une très intéressante étude sociologique (en anglais) intitulée « Optimism », et réalisée en 2009 par le « Social Issues Research Center », Oxford, Angleterre.

www.psychologie-positive.net
Un site créé par Jacques Lecomte, chargé de cours à l'université Paris-X et coordinateur de l'ouvrage *Introduction à la psychologie positive* (voir bibliographie).

www.leforik.com
Un magazine en ligne plein d'humour et d'énergie qui recense les actualités à portée positive et optimiste.

www.bonnenouvelle.blog.lemonde.fr
Le blog optimiste d'Antoine Blin et Mathilde Serrel.

www.des-bonnes-nouvelles.org
Un autre blog d'actualités positives et optimistes créé, entre autres, à l'initiative de Jacqueline de Romilly et de Serge Airaudi.

http://soyons-positifs.over-blog.com
Que trouve-t-on sur ce blog ? « Que ce qui rend heureux, de l'actualité positive, des trucs pour positiver, etc. »

http://non-a-la-depression.blogspot.com
Non à la dépression ! Le blog optimiste ! La promesse est claire : « Sur ce blog, vous ne trouverez que des bonnes nouvelles ! »

www.felicenews.com
Le site étonnant (en anglais) du Canadien Max Jones, 13 ans en 2010 ! Rien que des informations optimistes proposées par une des plus jeunes stars du Web !

www.facebook.com/pagesSources-doptimisme-et-de-Reflexion-Positives/54452322728
Une page fan sur Facebook, créée par le coach Michel Poulaert, et dont l'intitulé parle de lui-même.

www.etrebienautravail.fr
Un site qui propose toutes les clés (santé, développement personnel, vie perso, gagner du temps) pour s'épanouir enfin au travail !

www.psychologiepositiveautravail.blogspot.com
Le blog d'un consultant spécialisé dans l'étude et la prévention des risques psycho-sociaux en entreprise.

http://manager-positif.com/blog/
Un blog dédié au management, à la motivation et au développement personnel, animé par Yves de Montbron, créateur des éditions Manager-Positif.com. Beaucoup d'articles à télécharger.

Table

Chez le même éditeur

Les Crimes de Monsieur Kissinger – Christopher HITCHENS (2001).
La Vie rêvée des maths – David BERLINSKI (2001).
Ces comédiens qui nous gouvernent – Arthur MILLER (2002).
Lettres à un jeune rebelle – Christopher HITCHENS (2002).
Le Djihad américain – Lewis LAPHAM (2002).
Lettres de France, après le 11 septembre – Jean DANIEL (2002).
Dans l'œil du compas – Leonard MLODINOW (2002).
Le Vrai Saddam Hussein – Saïd K. ABURISH (2003).
Notre route commence à Bagdad, par les faucons de la Maison-Blanche – Lawrence F. KAPLAN et William KRISTOL (2003).
Les Anglais, portrait d'un peuple – Jeremy PAXMAN (2003).
Yasser Arafat – Saïd K. ABURISH (2003).
Jean Daniel, observateur du siècle – collectif (2003).
30 Jours au cœur du système Blair, Downing Street en guerre – Peter STOTHARD (2003).
L'Europe en otage ? Histoire secrète de la Convention – Alain DAUVERGNE (2004).
Que sont les grands hommes devenus ? – Jacques JULLIARD (2004).
L'Amérique bâillonnée – Lewis LAPHAM (2004).
Le Roman noir de la Maison-Blanche. Les révélations de Paul O'Neill, ex-secrétaire au Trésor – Ron SUSKIND (2004).
Le Clan Aburish, une saga palestinienne – Saïd K. ABURISH (2004).
Comment l'Europe va sauver l'Amérique – Charles A. KUPCHAN (2004).
Comment peut-on être américain ? – Henry Louis MENCKEN (2004).
L'Autre islam. Au cœur de l'univers chiite – Lilli GRUBER (2005).
Le Vice au pouvoir. La biographie de Dick Cheney – John NICHOLS (2005).
Maudits Français ! Trois siècles de relations tumultueuses entre la France et l'Amérique – John J. MILLER et Mark MOLESKY (2005).
La Dynamique du Japon. Histoire de la première modernité d'Asie – collectif dirigé par Jean-François SABOURET (2005).
Ils racontent la mondialisation. De Sénèque à Lévi-Strauss – anthologie par Laurent FERRI (2005).
Mr China. Comment perdre 450 millions de dollars après avoir fait fortune à Wall Street – Tim CLISSOLD (2006).

Psychanalyse de l'antilibéralisme. Les Français ont-ils raison d'avoir peur ? – dirigé par Christian STOFFAËS (2006).
À la Maison de verre. L'Onu et ses secrétaires généraux – dirigé par Romuald SCIORA, préface de Jacques CHIRAC (2006).
La Terre est plate. Une brève histoire du XXIe siècle – Thomas FRIEDMAN (2006).
Le Grand Désastre mondial – George SOROS (2006).
Une brève histoire des maths – David BERLINSKI (2007).
L'Europe tragique et magnifique. Les grands enjeux européens – Jacques DELORS et Notre Europe (2007).
Kidnappés par la CIA. Les charters de la torture – Trevor PAGLEN et A. C. THOMPSON (2007).
Nous les Allemands. Vous pouvez nous aimer – Matthias MATUSSEK (2007).
La Vie des autres. Le film qu'il faut lire – Florian HENCKEL VON DONNERSMARCK (2007).
Nous et le reste du monde – Claude REVEL (2007).
Poutine – Le Parrain de toutes les Russies – Jean-Michel CARRÉ (2008).
Origines – L'esprit, la vie, la matière – David BERLINSKI (2008).
France-Europe – Le Bal des hypocrites – Thierry CHOPIN (2008).
Le Second Rebond de la balle. Transformez vos risques en opportunités – Ronald COHEN (2008).
La Terre à l'envers : trop plate, trop chaude, trop de monde – Thomas FRIEDMAN (2009).
L'Art d'être infidèle – Paris – New York – Tokyo – Moscou – Pamela DRUCKERMAN (2009).
Petits secrets et grandes intrigues. Complots, mensonges et trahisons à la Commission européenne – Derk-Jan Eppink (2009).
Dieu n'est pas mort. La science n'explique pas tout – David BERLINSKI (2009).
L'Empire américain. L'heure du partage – Fareed ZAKARIA (2009).
L'Irrésistible Ascension de l'argent. De Babylone à Wall Street – Niall FERGUSON (2009).
Les Américains à Paris. Vie et mort sous l'Occupation nazie 1940-1944 – Charles GLASS (2010).
La Twittérature. Les chefs-d'œuvre de la littérature revus par la génération Twitter – Emmett RENSIN et Alexander ACIMAN (2010).
2012 La fin du Monde n'aura pas lieu. La prophétie maya réfutée par la science – Alain CIROU (2010).